【权威解读】

中华人民共和国
家庭教育促进法
释义

主 编
张 勇
（全国人大常委会法制工作委员会副主任）
蔡淑敏
（全国妇联副主席、书记处书记）

副主编
郭林茂 陈晓霞

中国法制出版社
CHINA LEGAL PUBLISHING HOUSE

编写说明

2021年10月23日，第十三届全国人大常委会第三十一次会议通过了《中华人民共和国家庭教育促进法》（以下简称家庭教育促进法）。家庭教育促进法将于2022年1月1日起施行。制定家庭教育促进法是贯彻落实习近平总书记重要论述和党中央决策部署的必然要求，是大力弘扬中华民族家庭美德的法治体现，是促进未成年人健康成长和全面发展的法治保障，也是全面总结地方立法与实践经验的法治成果。家庭教育促进法分为6章，共55条，规定了家庭教育的责任主体、原则、内容和方式方法，家庭教育工作机制，国家机关、妇女联合会、家庭教育机构、学校等的家庭教育工作职责等内容，为家长开展家庭教育提供支持、保障和服务。家庭教育促进法的实施将为家庭教育事业发展提供有力的法治保障。

2021年11月22日，栗战书委员长在家庭教育促进法实施座谈会上作重要讲话，强调运用多种形式加强对法律的宣传教育普及，要组织好对重点法律条文内容的宣讲解读，让广大人民群众真正理解这部法律，真正拥护这部法律，真正践行这部法律。为了更好地宣传贯彻家庭教育促进法，使社会各界能够准确理解和把握立法原意，了解和掌握本法确定的各项制度，保障法律正确有效实施，全国人大常委会法制工作委员会、全国妇联直接参与研究起草工作的同志编写了这本《中华人民共和国家庭教育促进法释义》。全国人大常委会法制工作委员会副主任张勇、全国妇联副主席蔡淑敏担任本书主编，法制工作委员会社会法室主任郭林茂、全国妇联家庭和儿童工作部部长陈晓霞担任副主编。全国人大常委会法制工作委员会社会法室吴晓华、郑全红、刘斌、赵光、王涛、吕翔、顾冰以及全国妇联家庭和儿童工作部靳清平、何敏等同志参与编写。本书力求准确、详尽、通俗地阐述家庭教育促进法的立法原意和相关内容。由于时间和水平有限，不妥和疏漏之处在所难免，敬请广大读者批评指正。

编　者

2021 年 12 月

家庭教育促进法制定情况介绍

2021年10月23日，第十三届全国人大常委会第三十一次会议高票通过了家庭教育促进法，国家主席习近平签署第九十八号主席令予以公布，自2022年1月1日起施行。常委会领导对家庭教育促进法立法及实施工作高度重视，11月22日，全国人大常委会举行家庭教育促进法实施座谈会，栗战书委员长出席并发表了重要讲话。家庭教育促进法对调动全社会力量共同做好家庭教育工作，引导全社会注重家庭、家教、家风，增进家庭幸福与社会和谐，培养德智体美劳全面发展的社会主义建设者和接班人具有重要意义。现将家庭教育促进法制定工作有关情况介绍如下：

一、家庭教育促进法立法进程

家庭教育促进法从前期研究论证到常委会审议通过，经过了几年的时间。在全国人大常委会高度重视和有力支持下，全国人大社会建设委员会、常委会法制工作委员会以高度的使命感、责任感，认真开展家庭教育立法的前期调研、立项论证、草案起草和常委会审议服务保障等工作，积极推动家庭教育立法进程。

2015年，习近平总书记在春节团拜会讲话中指出："家庭是社会的基本细胞，是人生的第一所学校，不论时代发生多大变化，不论生活格局发生多大变化，我们都要重视家庭建设，注重家庭、注重家教、注重家风。”通过学习习近平总书记重要讲话精神，结合当时正在制定的反家庭暴力法，法工委深刻认识到家庭教育对未成年人健康成长以及社会和谐稳定的重要性。2016 年，全国妇联、教育部等联合发布了《关于指导推进家庭教育的五年规划（2016-2020 年）》。2017 年，法工委开始就家庭教育相关问题与全国妇联进行沟通研究，并先后和全国妇联到广东、四川、陕西、湖南等地调研，了解地方家庭教育工作和地方立法等情况，进一步加深了对家庭教育立法的认识，坚定了推动家庭教育立法的信心。

2018 年，为贯彻落实习近平总书记有关批示，法工委提出了进行家庭教育立法的建议。在常委会领导的高度重视和关心下，2018 年家庭教育立法被列入十三届全国人大常委会立法规划。2020 年全国人大常委会通过新修订的未成年人保护法和预防未成年人犯罪法，对家庭教育作出原则规定，为家庭教育立法打好基础、留好接口。

全国人大常委会将家庭教育法列入 2020 年立法工作计划后，社会建设委员会负责牵头起草草案，法工委、全国妇联等参与了研究起草工作。2021 年 1 月，草案提请常委会初次审议，8 月常委会进行了二审，并于 10 月经三审表决通过。

在本法的立项、起草和审议过程中，对一些问题曾存在争论，其中最关键的就是对立法必要性的争论。有的意见提出，家庭教育主要是家庭私事，通过立法规范家庭教育，可能会导致公权力过度介入私生活。此外，家庭教育主要是监护人对未成年人进行教育，民法典、未成年人保护法对监护制度、家庭保护已经作了规定，因此认为就家庭教育进行专门立法的必要性不够充分。

对于立法必要性这一关键性、基础性的问题，在立法过程中，认识不断深入，逐步达成一致意见：家庭教育是未成年人健康成长、家庭和谐、国家和民族发展的重要基础，制定家庭教育促进法有重要意义，是贯彻落实习近平总书记重要论述和党中央决策部署的需要，是大力弘扬中华民族家庭美德的法治体现，是促进未成年人健康成长和全面发展的法治保障，也是全面总结地方立法与实践经验的法治成果。家庭教育不单单是家庭私事，在很大程度上也是国家的事，关系国家民族长远发展。家庭教育促进法主要是让家长知道应当怎么样教育子女，政府和社会应当从哪些方面为家长提供支持和帮助。对家长主要是引导而非强制、是服务而非管理、是支持而非干预，如果能够把握好这个定位，就不会导致公权力过度干预私生活。家庭教育促进法是对民法典监护制度和未成年人保护法家庭保护的进一步细化，和民法典、未成年人保护法、反家庭暴力法等法律相互衔接配合，共同促进未成年人健康成长和发展。对立法必要性、重要性的认识不断深入，为家庭教育立法的顺利进行奠定了良好基础。

二、全面贯彻习近平总书记重要论述精神

习近平总书记高度重视家庭教育工作，党的十八大以来，习近平总书记站在培养担当民族复兴大任时代新人、确保党和国家事业后继有人的高度就家庭教育作出一系列重要论述。在家庭教育促进法立法工作中，始终坚持全面深入学习习近平总书记重要讲话精神，并贯彻落实到法律中。自觉将习近平总书记重要论述精神作为整部法律的主线、体现在法律的各个部分，是家庭教育

促进法最大的亮点，主要体现在以下五个方面：

一是准确定位家庭教育的责任主体和教育对象。习近平总书记多次强调，“家庭是人生的第一所学校，家长是孩子的第一任老师，要给孩子讲好‘人生第一课’，帮助扣好人生第一粒扣子”；“家长应该担负起教育后代的责任”；“家长要时时处处给孩子做榜样，用正确行动、正确思想、正确方法教育引导孩子”。家庭教育促进法将家庭教育定义为父母或者其他监护人对未成年人的培育、引导和影响，而不是宽泛地扩大为家庭成员相互之间的影响。同时明确规定，父母或者其他监护人树立家庭是第一个课堂、家长是第一任老师的责任意识，承担实施家庭教育的主体责任，用正确思想、方法和行为教育未成年人养成良好思想、品行和习惯。

二是明确家庭教育最重要的是品德教育。习近平总书记指出，“家庭教育涉及很多方面，但最重要的是品德教育，是如何做人的教育”。应该把美好的道德观念从小就传递给孩子，引导他们有做人的气节和骨气，帮助他们形成美好心灵，促使他们健康成长，长大后成为对国家和人民有用的人。家庭教育促进法规定，家庭教育以立德树人为根本任务，培育和践行社会主义核心价值观，弘扬中华民族优秀传统文化、革命文化、社会主义先进文化。

三是动员全社会关心支持家庭教育。习近平总书记强调，“家庭学校政府社会都有责任，谁都不是旁观者，谁都不能置身事外”，要求“各级党委和政府充分认识家庭文明建设的重要性，负起领导责任，切实把家庭文明建设摆上议事日程”，“教育、妇联等部门要统筹协调社会资源支持服务家庭教育。全社会都要担负起青少年成长成才的责任”。家庭教育促进法规定，国家和社会为家庭教育提供指导、支持和服务，各级人民政府指导家庭教育工作，有关部门在各自职责范围内做好家庭教育工作。同时，在“国家支持”“社会协同”两个专章中，规定国家和社会为家长实施家庭教育提供支持和服务。

四是注重发挥妇联独特作用。习近平总书记指出，“做好家庭工作，发挥妇女在社会生活和家庭生活中的独特作用，是妇联组织服务大局、服务妇女的重要着力点”，妇联要“认真研究家庭领域出现的新情况新问题，把推进家庭工作作为一项长期任务抓实抓好”。家庭教育促进法规定，教育行政部门、妇联联合会统筹协调社会资源，协同推进覆盖城乡的家庭教育指导服务体系建设，并按照职责分工承担家庭教育的日常事务。同时规定，妇女联合会发挥妇女在弘扬中华民族家庭美德、树立良好家风等方面的独特作用，宣传普及家庭教育知识，通过多种渠道组织开展家庭教育实践活动，提供家庭教育指导服务。

五是强调各级领导干部带头抓好家风。习近平总书记指出，“领导干部的家风，不仅关系自己的家庭，而且关系党风政风”，要求领导干部要带头注重家庭家教家风，保持共产党人的高尚品格和廉洁操守，以实际行动带动全社会崇德向善、尊法守法。家庭教育促进法规定，国家工作人员应当带头树立良好家风，履行家庭教育责任。此外，还规定国家机关、企业事业单位、群团组织、社会组织应当将家风建设纳入单位文化建设，支持职工参加相关的家庭教育服务活动。

三、立法中的亮点

家庭教育和每个家庭、每个人都紧密相关，社会广泛关注，对草案提出的修改意见也比较多。例如，常委会一审时共65人发言，二审时43人发言，三审时56人发言。立法过程中，对各方面的意见认真进行研究，按照最大限度吸收各方面意见的原则，从法律名称、篇章结构到文字表述等各个方面，对草案进行全面修改完善，确保法律的高质量。立法中的亮点主要体现在“改”和“增”两个方面。

（一）体现“改”的四个方面

一是修改法律名称。法律的名称不仅是对法律规范内容的概括，还能体现出法律的立法理念和价值导向。家庭教育促进法一审时的名称是家庭教育法，二审时将法名修改为家庭教育促进法。主要有三点考虑：第一，从法律定位看，家庭教育立法主要是为了引导全社会注重家庭家教家风，推动国家和社会为家长科学实施家庭教育提供指导和帮助，促进家庭教育发展。家庭教育促进法这一名称，比较准确地反映了本法的定位。第二，从各方面意见看，在一审时，有十几位常委委员以及多个单位、地方和社会公众都建议修改为家庭教育促进法。第三，从地方立法实践看，关于家庭教育的地方性法规，名称也都是促进条例。

二是调整篇章结构。草案一审稿共六章，除了总则、法律责任和附则外，第二章至第四章分别为“家庭教育实施”“家庭教育促进”“家庭教育干预”。二审修改法律草案名称后，相应地将上述三章调整为“家庭责任”“国家支持”“社会协同”，不再使用“干预”的表述，理顺家庭、国家和社会在家庭教育工作中的角色，逻辑更清晰，也更符合本法的定位。

三是完善家庭教育内容。草案一审稿从德、智、体、美、劳五方面规定了家庭教育的内容。常委会审议时对这一规定意见较多，认为没有充分体现出家庭教育的特点。

怎样区分家庭教育和学校教育是一个难题。我们研究认为家庭教育和学校教育相比，有两个突出特点：第一，家庭教育是亲情相伴、言传身教的教育。家庭教育的责任主体是父母，家长不需要从业资格、没有教材、没有课程表、没有特定场地，它存在于日常生活的点点滴滴之中。第二，家庭教育的核心是道德教育、如何做人的教育，教会孩子养成良好的道德品质和行为习惯，更好地适应社会生活、更好地与人相处和交往。虽然家庭教育也涉及读书和学习，并且读书在自古至今的家训中都占据重要位置，但这主要是说让家庭重视孩子的学习、帮助孩子养成好的学习习惯，而不是由家长直接去教孩子学科知识、批改作业。

根据上述思路和各方面意见，对家庭教育的概念和内容作了较大的修改完善。一方面，在家庭教育的概念中，强调的是对未成年人“道德品质、身体素质、生活技能、文化修养、行为习惯”的培育、引导和影响。另一方面，从六个层面规定了家庭教育的内容，包括培养中华民族共同体意识和家国情怀；培养良好社会公德、家庭美德和个人品德；培养科学探索精神和创新意识；培养良好学习习惯和行为习惯；培养自我保护意识和能力；培养热爱劳动的观念等。改变家庭只是学生课堂的延伸、家长只是学校老师的助理的状况，将家庭教育从学校教育的附庸地位中解放出来。

四是淡化政府干预。草案一审稿在“家庭教育干预”和“法律责任”两章中，规定了较多干预和惩处措施。在二审时对这些规定作了修改，强化国家的支持和服务，淡化干预。“法律责任”

一章，主要规定的是有关单位、部门、机构不依法给家长提供服务时，需要承担的责任。对于家长，也主要是在其怠于、拒绝履行义务时，规定了对其批评教育、劝诫制止，督促接受指导。

（二）体现“增”的五个方面

相对草案初次审议稿，最终通过的家庭教育促进法增加了不少新规定。

一是贯彻落实习近平总书记重要论述精神，增加规定父母的责任、妇联的职责、国家机关工作人员带头履行家庭教育责任等内容。

二是贯彻落实中央关于减轻义务教育阶段学生作业负担和校外培训负担的文件精神，推动家校协同，增加规定，县级以上地方人民政府应当加强监督管理，减轻义务教育阶段学生作业负担和校外培训负担，畅通学校家庭沟通渠道，推进学校教育和家庭教育相互配合。

三是针对家长对子女期望值过高、施加学习负担过重、放任沉迷网络等问题，增加规定，未成年人的父母或者其他监护人应当合理安排未成年人学习、休息、娱乐和体育锻炼的时间，避免加重未成年人学习负担，预防未成年人沉迷网络。

四是加强对留守未成年人和困境未成年人的保护，增加规定，政府应当采取措施，为留守未成年人和困境未成年人的监护人实施家庭教育创造条件。教育行政部门、妇女联合会应当采取有针对性的措施，为留守未成年人和困境未成年人的监护人提供家庭教育指导服务。同时，增加规定委托照护情况下被委托人的责任。

五是做好和其他法律的衔接，增加规定，未成年人的父母或者其他监护人在家庭教育过程中对未成年人实施家庭暴力的，依照未成年人保护法、反家庭暴力法等法律的规定追究法律责任。

栗战书委员长在家庭教育促进法实施座谈会上强调，要站在实现中华民族伟大复兴战略全局的高度正确理解家庭教育促进法，强化责任担当，把这部法律的学习宣传和贯彻实施抓紧抓实、抓出成效。下一步，要积极做好家庭教育促进法的宣传和实施工作，确保家庭教育促进法落地见效。

目　录

第一章　总则

第二章　家庭责任

附　录

中华人民共和国家庭教育促进法释义

第一章 总 则

第一条 为了发扬中华民族重视家庭教育的优良传统，引导全社会注重家庭、家教、家风，增进家庭幸福与社会和谐，培养德智体美劳全面发展的社会主义建设者和接班人，制定本法。

◆ 条文主旨

本条是关于立法目的的规定。

◆ 立法背景

家庭教育关乎未成年人健康成长和国家民族长远发展，具有十分重要的意义。党和国家历来高度重视家庭教育，2010 年中共中央、国务院印发《国家中长期教育改革和发展规划纲要（2010-2020 年）》明确提出，要发挥家庭教育在儿童少年成长过程中的重要作用，制定家庭教育等方面的法律。党的十八大以来，习近平总书记站在培养担当民族复兴大任时代新人、确保党和国家事业后继有人的高度就家庭教育作出一系列重要论述，党的十九大和十九届四中全会、五中全会对家庭教育工作提出明确要求。十三届全国人大常委会贯彻落实党中央决策部署和习近平总书记重要指示要求，积极回应社会关切，将家庭教育立法列入常委会立法规划和2020年度立法工作计划。通过立法引导全社会注重家庭、家教、家风，使千千万万个家庭成为国家发展、民族进步、社会和谐的重要基点。基于对家庭教育重要意义和作用的理解、把握，本法第一条对家庭教育促进法的立法目的作出规定。

◆ **条文解读**

根据本条规定，家庭教育促进法的立法目的主要包括以下四个方面：

一、发扬中华民族重视家庭教育的优良传统

中华民族历来重视家庭、重视家庭教育，具有重视家庭教育的优良传统。《论语》《三字经》《弟子规》等古代经典读物中包含了许多家庭教育内容，历史上还产生了《颜氏家训》《朱子家训》《曾文正公家训》等著名家训。在长期的历史发展中，形成了尊老爱幼、妻贤夫安，母慈子孝、兄友弟恭，耕读传家、勤俭持家，知书达礼、遵纪守法，家和万事兴等中华民族传统家庭美德。这些传统家庭美德铭记在中国人的心中，融入中国人的血脉中，是支撑中华民族生生不息、薪火相传的重要精神力量，是家庭文明建设的宝贵精神财富。重视家庭教育的优良传统确保了中华民族优秀传统文化代代相传，家庭教育成为具有中华民族鲜明特点的文化传承方式。制定家庭教育促进法，就是以法治的方式大力发扬中华民族重视家庭教育的优良传统，继承和弘扬中华民族优秀传统家庭美德，促进家庭教育事业在新的历史时期取得更高水平发展。

二、引导全社会注重家庭、家教、家风

习近平总书记指出：“家庭是社会的基本细胞，是人生的第一所学校。不论时代发生多大变化，不论生活格局发生多大变化，我们都要重视家庭建设，注重家庭、注重家教、注重家风，紧密结合培育和弘扬社会主义核心价值观，发扬光大中华民族传统家庭美德，促进家庭和睦，促进亲人相亲相爱，促进下一代健康成长，促进老年人老有所养，使千千万万个家庭成为国家发展、民族进步、社会和谐的重要基点。”制定家庭教育促进法，就是通过国家立法将传统“家事”上升为重要“国事”，引起全社会各方面对家庭教育的重视，深刻认识家庭建设、家庭教育在国家发展、民族进步、社会和谐中的重要作用，深刻认识自身担负的家庭教育职责，增强履行家庭教育责任、推动家庭教育工作的自觉性、主动性、积极性。

三、增进家庭幸福与社会和谐

家庭是社会的细胞。家庭和睦则社会安定，家庭幸福则社会祥和，家庭文明则社会文明。家庭的前途命运同国家和民族的前途命运紧密相连。千家万户都好，国家才能好，民族才能好。国家富强，民族复兴，社会和谐，人民幸福，不是抽象的，最终要体现在千千万万个家庭都幸福美满上。小到家庭幸福，大到社会和谐，关键的一点是家庭成员注重家庭、注重家教、注重家风。只有具备良好家庭教育，才能培育爱国爱家的家国情怀、建设相亲相爱的家庭关系、弘扬向上向善的家庭美德、体现共建共享的家庭追求，才能促进家庭和睦、亲人相爱、下一代健康成长、老年人老有所养，才能继承和发扬尊老爱幼、男女平等、夫妻和睦、勤俭持家、邻里团结等中华民族传统美德，才能树立优良家风、形成良好社会风气。制定家庭教育促进法，就是积极回应人民群众对家庭建设的新期盼新需求，研究解决家庭领域出现的影响家

庭幸福的新情况新问题，通过推动家庭教育，为家庭实施家庭教育提供支持和协助，为增进家庭幸福与社会和谐提供更坚实的基础。

四、促进未成年人健康成长

未成年人是国家的未来、民族的希望。家庭是人生的第一个课堂，家长是孩子的第一任老师，家庭和家长在未成年人健康成长中，发挥着不可替代的重要作用。随着我国社会转型速度加快，传统的家庭结构和功能发生深刻变化，家庭教育存在的问题日益凸显：监护缺失、家庭教育缺位导致部分农村留守未成年人受到伤害的极端事件屡有发生；不少父母缺乏正确的成才观，存在“重智轻德”“重学校教育、轻家庭教育”的倾向；一些父母或者其他监护人家庭教育主体责任意识不强，对未成年人生而不养、养而不教、教而不当的现象不同程度存在，有的甚至将实施家庭暴力混同为家庭教育方式；家庭教育服务机构发展不健全、不规范，良莠不齐，有需求的家庭难以获得必要的支持和帮助。上述这些问题，影响未成年人的健康成长和全面发展，甚至一些未成年人的合法权益受到严重侵害。制定家庭教育促进法，就是重视家庭、家长在未成年人成长中的独特作用，积极回应这些社会普遍关切的问题，着力完善相关制度措施，推进家庭教育工作，为促进未成年人健康成长和全面发展提供更加充足、有力的法治保障。

◆ **相关规定**

《中华人民共和国未成年人保护法》第一条、第五条；《关于进一步加强家庭家教家风建设的实施意见》

第二条 本法所称家庭教育，是指父母或者其他监护人为促进未成年人全面健康成长，对其实施的道德品质、身体素质、生活技能、文化修养、行为习惯等方面的培育、引导和影响。

◆ **条文主旨**

本条是关于家庭教育定义的规定。

◆ **立法背景**

家庭教育立法从一开始，对于什么是家庭教育就存在不同理解认识。家庭教育的定义不仅是基础性的理论问题，也是家庭教育立法实践中的关键问题，直接关系家庭教育的主体、对象、内容、方式方法以及相关方面如何提供保障支持等。本法制定过程中，贯彻落实习近平总书记关于注重家庭家教家风建设的重要论述精神，紧密联系我国家庭教育实际，紧扣家庭教育领域的突出问题和关键环节，对家庭教育作出符合实际、符合国情的定义。以此定义为基础，对家庭教育的责任主体、国家支持和社会协同的措施等作出具体规定。

◆ **条文解读**

根据本条的规定，家庭教育是指父母或者其他监护人为促进未成年人健康成长，对其实施的道德品质、身体素质、生活技能、文化修养、行为习惯等方面的培育、引导和影响。在具体理解上，应把握好以下几个方面：

一、家庭教育的主体是父母或者其他监护人，对象是未成年人

关于家庭教育的内涵，理论研究和立法实践中大致有以下观点：一是父母或其他监护人对未成年子女的教育。例如，2016 年通过的《重庆市家庭教育促进条例》第三条规定："本条例所称家庭教育，是指父母或者其他监护人对未成年子女的教育和影响。"二是家庭中长辈对未成年晚辈的教育，不包括长辈对成年晚辈的教育。三是家庭中长辈对晚辈的教育，包括对成年晚辈的教育。四是指家庭中年长者对年少者的教育，包括同辈长者如哥哥对弟弟的教育。五是家庭成员相互之间的教育，如夫妻之间、兄弟姐妹之间、祖辈与孙辈之间的教育。六是增进家人关系和家庭功能的教育，教育地点不限定于家庭，也不局限于家庭成员之间。例如，我国台湾地区"家庭教育法"将家庭教育定义为具有增进家人关系与家庭功能之各种教育活动。总体而言，上述观点可以分为狭义和广义两类。

本法采用了狭义的概念，将家庭教育限定为父母或者其他监护人对未成年人实施的教育。之所以作这样的限定，主要考虑有以下几点：一是贯彻习近平总书记有关重要论述精神。习近平总书记多次强调"家庭是人生的第一所学校，家长是孩子的第一任老师，要给孩子讲好'人生第一课'，帮助扣好人生第一粒扣子"；"家长应该担负起教育后代的责任"；"家长要时时处处给孩子做榜样，用正确行动、正确思想、正确方法教育引导孩子"。习近平总书记的重要论述深刻指出，家庭教育最关键的责任主体是家长，家庭教育的对象是孩子。因此，在家庭教育促进法中，明确将家庭教育定义为父母或者其他监护人对未成年人的培育、引导和影响，而没有宽泛地扩大为长辈对晚辈或者家庭成员相互之间的影响。二是与民法典、未成年人保护法等相关法律衔接。民法典、未成年人保护法等法律从父母或者其他监护人履行监护责任、保障未成年人健康成长角度，对家庭教育作了原则性规定，规范的对象也是父母或者其他监护人与未成年人。三是紧密联系我国实际情况和实践中的突出问题。当前，家庭教育领域中的重点和关键是解决一些父母或者其他监护人家庭教育主体责任意识不强，对未成年人生而不养、养而不教、教而不当，影响未成年人健康成长等突出问题。采取相对狭义的概念，更有利于突出工作重点，采取更加有针对性、可操作性的措施。

二、家庭教育的目的是促进未成年人健康成长

促进未成年人健康成长是家庭教育的出发点和落脚点，要通过家庭教育创设适合未成年人健康成长的必要条件，保护未成年人各项权利，促进未成年人全面发展。未成年人健康成长，体现为身心健康，包括身体健康和心理健康两个方面。身体健康包括生命安全、肢体健全、机能正常。心理健康标准相对较多，根据我国青少年的心理特点，未成年人心理健康主要有下列标志：一是智力发育正常，智力是个体观察、领悟、想象、思维、推理等多种心理能力的综合体现，正常情况下未成年人智力发展水平与实际年龄相称，随着年龄增长而提高；二是情绪稳定，能够适当表达和控制自己的情绪，使之保持相对稳定；三是能正确认识自己，更能正确评价自己和把握自己，做到自尊、自爱、自重，具有良好道德品质；四是有良好的人际关系，能客观评价他人、尊重他人、理解他人，能建立融洽的人际关系；五是热爱生活，能正确对待现实困难，感受生活的美好和乐趣，有积极乐观的生活态度。

促进未成年人健康成长，不仅是家庭教育的目的，也是行为判断是否属于家庭教育的标准。实践中，有的父母将实施家庭暴力等错误言行混同为家庭教育。针对这种现象，本法第二十三条明确规定，未成年人的父母或者其他监护人不得因性别、身体状况、智力等歧视未成年人，不得实施家庭暴力，不得胁迫、引诱、教唆、纵容、利用未成年人从事违反法律法规和社会公德的活动。因此，本法规定的家庭教育是正向的、积极的、健康的引导和影响，实践中一些父母以“教育”为名实施的错误引导和影响，不是本法所倡导、支持和规范的家庭教育。同时，家庭教育是否以及在多大程度上保障和促进未成年人健康成长，也是判断家庭教育方式是否适当、教育理念是否科学的重要依据。

三、家庭教育的内容主要涉及道德品质、身体素质、生活技能、文化修养、行为习惯

家庭教育的内容有很多，概括起来大致包括五个方面：

一是道德品质。这是家庭教育的首要内容，家庭教育重在教孩子如何做人。家庭教育要从养成良好习惯开始，逐步培育未成年人正确的价值观，培养未成年人热爱党、热爱祖国、热爱人民、热爱中华民族，明礼诚信、勤奋自立、友善助人、孝亲敬老等良好思想品德，增强未成年人法律意识和社会责任感，使未成年人养成好思想、好品德、好习惯、好人格，培养未成年人与他人、与社会、与自然和谐相处的能力。

二是身体素质。未成年人处在身心快速发展的时期，良好的身体素质是未成年人在道德品质、文化修养、知识技能等其他方面不断发展的重要前提和基础。家庭教育不仅要关注未成年人的道德品质、智力发展等状况，也要关注未成年人的身体素质，积极带领未成年人开展体育活动，加强身体锻炼；科学安排饮食，帮助未成年人形成科学合理的饮食习惯和膳食方式；关注未成年人在身高、体重、视力、听力等方面的健康状况，指导未成年人养成科学用眼、科学用耳等好习惯；帮助未成年人形成合理的家庭生活作息安排，培养良好的生活和卫生习惯等；适时适度开展性教育，帮助未成年人了解必要的青春期知识。

三是生活技能，即必要的科学知识、生活常识、安全知识、劳动技能、安全技能等。家庭教育应与学校教育相互配合，传播科学知识，帮助未成年人树立正确的成才观，引导其培养广泛兴趣爱好，增强科学探索精神、创新意识和能力；抓住日常生活事件，传授生活常识和安全知识，提高生活自理能力，增长未成年人自我保护意识及基本的自救知识与技能；给未成年人创造劳动的机会，教授劳动的技能，帮助未成年人树立正确的劳动观念，养成吃苦耐劳的优秀品格。

四是文化修养。文化修养体现在很多方面，反映出未成年人全面发展的水平。家庭教育要通过多种形式和途径，帮助未成年人了解有关国家、民族、家乡的历史和风土人情，培育热爱家乡和祖国的朴素情感，了解中华优秀传统文化的内涵，培养作为中华民族一员的归属感和自豪感。结合发生在家庭、学校和社会的事件开展价值观教育，培育正确的思想观念和价值取向。培养未成年人正确的审美观，使其具有发现美、欣赏美、表现美的能力，明确内在美与外在美的关系，理解劳动能创造美，加强自身修养，践行文明礼仪。

五是行为习惯。家庭教育要从传授生活常识开始，培养未成年人健康生活习惯，引导其关注个人卫生和环境卫生，养成良好的卫生习惯；坚持从细微处入手，提高儿童的生活自理能力，养成生活自理的习惯；结合身边的道德榜样和通俗易懂的道德故事，培养良好的道德行为习惯；掌握家庭法治教育的内容和方法，引导未成年人树立权利与义务相统一的观念，养成遵法守法的行为习惯；引导未成年人树立尊重自然、顺应自然、保护自然的发展理念，养成勤俭节约、低碳环保的生活习惯；帮助未成年人提升自主学习能力，激发其学习兴趣，理性帮助其确定成长目标，培养良好的学习习惯等。

四、家庭教育的形式主要包括培育、引导和影响

家庭教育方式多种多样，它的发生不受时间、地点、条件的限制，更没有固定的方法和模式。归纳起来，家庭教育的形式大致包括三类：

一是培育。家庭教育与父母或者其他监护人对未成年人的培养、抚育密不可分。《中华人民共和国宪法》第四十九条规定，父母有抚养教育未成年子女的义务。《中华人民共和国民法典》第二十六条规定，父母对未成年子女负有抚养、教育和保护的义务。具体到生活中，主要包括进行生活上的照料，保障未成年人接受义务教育，以适当的方式、方法管理和教育未成年人，保护未成年人的人身、财产不受到侵害，促进未成年人的身心健康发展等。父母或者其他监护人的培养、抚育较多表现为营养卫生、居住条件和生活环境等衣食住行方面的照料，主要是保证未成年人营养均衡、科学运动、睡眠充足、身心愉悦，在很大程度上包含着良好生活习惯、行为习惯的训练和培养，对于促进未成年人身心健康发展有不可替代的重要作用。

二是引导。引导是指父母或者其他监护人有意识地通过言行，引领未成年人向正确方向全面发展。例如，通过讲述仁人志士的故事、国家发展的成就等，教育未成年人爱党、爱国、爱人民、爱集体、爱社会主义，树立维护国家统一的观念，铸牢中华民族共同体意识，培养家国情怀。结合身边的道德榜样和通俗易懂的道德故事，培养未成年人良好的道德行为习惯；从小事入手，及时抓住日常生活事件教育未成年人孝敬长辈、尊敬老师，学会感恩、帮助他人，诚实为人、诚信做事。带领未成年人认识自然界的生命现象，帮助其建立热爱生命、珍惜生命、呵护生命的意识；抓住日常生活事件，增长其居家出行的自我保护意识及基本的自救知识与技能等。

三是影响。家庭是孩子人生的第一所学校，父母与未成年人朝夕相处，父母的言行无时无刻不在影响着未成年人。在未成年人成长与人格塑造中，家庭教育是家长和儿童共同成长的过程，因教育者与被教育者的紧密联系，家庭教育更多是潜移默化而又根深蒂固的影响。家长素质、言谈举止、行为习惯无时无刻不在影响共同生活的未成年人，是影响着家庭教育的重要因素。因此，家长应当努力做到举止文明、情趣健康、敬业进取、言行一致、好学善思，自觉践行社会主义核心价值观，以健康的思想、良好的品行教育影响儿童。

◆ **相关规定**

《中华人民共和国宪法》第四十九条；《中华人民共和国民法典》第二十六条；《中华人民共和国未成年人保护法》第十五条、第十六条

第三条 家庭教育以立德树人为根本任务，培育和践行社会主义核心价值观，弘扬中华民族优秀传统文化、革命文化、社会主义先进文化，促进未成年人健康成长。

◆ **条文主旨**

本条是关于家庭教育根本任务的规定。

◆ **立法背景**

关于家庭教育所担负的任务或者作用，存在各种不同意见。有的观点认为，与学校教育相似，体现德、智、体、美、劳五个方面，当然在侧重点、主要内容和方式方法上，与学校教育存在差异。有的观点认为，家庭教育除了德、智、体、美、劳之外，还包括情感教育和人生指导。有的观点认为，从如何帮助儿童适应社会的角度出发，家庭教育包括社会性培育、个性养成教育和道德教育。无论哪种观点，道德教育都是家庭教育的核心内容。

在新的历史时期，习近平总书记深刻指出，家庭教育最重要的是品德教育，是如何做人的教育。立足国情与实际，贯彻体现习近平总书记重要论述精神，本条对家庭教育的根本任务作出规定。

◆ 条文解读

一、家庭教育以立德树人为根本任务

习近平总书记指出："培养什么人，是教育的首要问题"。我国是中国共产党领导的社会主义国家，这就决定了我们的教育必须把培养社会主义建设者和接班人作为根本任务，培养一代又一代拥护中国共产党领导和我国社会主义制度、立志为中国特色社会主义奋斗终身的有用人才。这是教育工作的根本任务，也是教育现代化的方向目标。培养德智体美劳全面发展的社会主义建设者和接班人，归根结底就是立德树人。党的十八大提出，"把立德树人作为教育的根本任务，培养德智体美全面发展的社会主义建设者和接班人"。此后，习近平总书记围绕坚持立德树人这一教育的根本任务作出了许多重要论述，提出了明确要求。党的十九大报告进一步强调"要全面贯彻党的教育方针，落实立德树人根本任务"。要实现"两个一百年"奋斗目标、实现中华民族伟大复兴的中国梦，必须通过教育立德树人，培养大量社会主义建设者和接班人。

具体到家庭教育，习近平总书记进一步指出，"家庭教育涉及很多方面，但最重要的是品德教育，是如何做人的教育"。应该把美好的道德观念从小就传递给孩子，引导他们有做人的气节和骨气，帮助他们形成美好心灵，促使他们健康成长，长大后成为对国家和人民有用的人。从习近平总书记重要论述可以看出，无论是学校教育还是家庭教育，教育的本质和最根本的任务是共通的、一致的，就是"立德树人"。因此，在家庭教育中，也要在坚定理想信念上下功夫，引导未成年人立志为共产主义的远大理想和中

国特色社会主义共同理想奋斗；要在厚植爱国主义情怀上下功夫，以爱国主义为精神底色，教育引导未成年人爱党爱国；要在加强品德修养上下功夫，教育引导未成年人以社会主义核心价值观为情感认同和行为习惯，学会做人，做有大爱大德大情怀的时代新人；要在增长知识见识上下功夫，引导未成年人培养广泛兴趣爱好、健康审美追求；要在培养奋斗精神上下功夫，引导未成年人养成良好学习习惯和吃苦耐劳的优秀品格；要在增强综合素质上下功夫，培养未成年人良好生活习惯和行为习惯，增强科学探索精神、创新意识和能力。

二、培育和践行社会主义核心价值观

社会主义核心价值观是社会主义核心价值体系的内核，体现社会主义核心价值体系的根本性质和基本特征，反映社会主义核心价值体系的丰富内涵和实践要求，是社会主义核心价值体系的高度凝练和集中表达。培育和践行社会主义核心价值观，是推进中国特色社会主义伟大事业、实现中华民族伟大复兴中国梦的战略任务。党的十八大提出，倡导富强、民主、文明、和谐，倡导自由、平等、公正、法治，倡导爱国、敬业、诚信、友善，积极培育和践行社会主义核心价值观。这与中国特色社会主义发展要求相契合，与中华优秀传统文化和人类文明优秀成果相承接，是我们党凝聚全党全社会价值共识作出的重要论断。富强、民主、文明、和谐是国家层面的价值目标，自由、平等、公正、法治是社会层面的价值取向，爱国、敬业、诚信、友善是公民个人层面的价值准则，这 24 个字是社会主义核心价值观的基本内容，为培育和践行社会主义核心价值观提供了基本遵循。积极培育和践行社会主义核心价值观，对于促进未成年人的健康成长和全面发展，促进家庭幸福、社会和谐、国家进步，对于全面建成小康社会、实现中华民族伟大复兴，具有重要现实意义和深远历史意义。

培育和践行社会主义核心价值观要从小抓起、从日常抓起，要围绕立德树人的根本任务，把社会主义核心价值观贯穿于家庭教育、学校教育、社会教育各方面各环节。要在家庭中培育和践行社会主义核心价值观，引导未成年人热爱党、热爱祖国、热爱人民、热爱中华民族。要积极传播中华民族传统美德，传递尊老爱幼、男女平等、夫妻和睦、勤俭持家、邻里团结的观念，倡导忠诚、责任、亲情、学习、公益的理念，推动人们在为家庭谋幸福、为他人送温暖、为社会做贡献的过程中提高精神境界、培育文明风尚。要引导广大家庭和社会各方面主动配合学校教育，以良好的家庭氛围和社会风气巩固学校教育成果，形成家庭、社会与学校携手育人的强大合力。

三、弘扬中华优秀传统文化、革命文化、社会主义先进文化

中华优秀传统文化是中华民族在漫长历史长河中淘洗出来的智慧结晶，蕴含着丰富的哲学思想、人文精神、教化思想、道德理念等，它昭示了中华民族的璀璨历史，也是中华民族有别于其他民族的独特标识，对于推进社会主义文化强国建设、提高国家文化软实力具有重要意义。例如，革故鼎新、与时俱进、道法自然、天人合一等思想，可以为人们认识和改造世界提供有益启迪，可以为治国理政提供有益借鉴。又如，崇德向善、孝悌忠信、礼义廉耻等观念，体现着评判是非曲直的价值标准，影响着中国人的行为方式。

革命文化是近代以来特别是五四新文化运动以来，在党和人民的伟大斗争中培育和创造的思想理论、价值追求、精神品格，如红船精神、井冈山精神、长征精神、延安精神、沂蒙精神、西柏坡精神等，集中体现了马克思主义指导下的中国近现代文化的发展及其成果，展现了中国人民顽强不屈、坚韧不拔的民族气节和英雄气概。革命文化既是中华民族革命斗争历史的高度文化凝聚，也是中国精神在革命年代的主要表现形式，寄托着各族人民对美好生活的向往。

社会主义先进文化是在党领导人民推进中国特色社会主义伟大实践中，在马克思主义指导下形成的面向现代化、面向世界、面向未来的社会主义文化，代表着时代进步潮流和发展要求。社会主义先进文化萃取了中华优秀传统文化和革命文化的精华，凝聚了共产主义远大理想、马克思主义中国化的制度和理论成果、社会主义核心价值观、以爱国主义为核心的民族精神和以改革创新为核心的时代精神等，是对中华民族优秀传统文化和红色革命文化的深度融合，也是中华文化在当代中国的最新发展。

习近平总书记指出，“中国特色社会主义文化，源自于中华民族五千多年文明历史所孕育的中华优秀传统文化，熔铸于党领导人民在革命、建设、改革中创造的革命文化和社会主义先进文化，植根于中国特色社会主义伟大实践”。中华优秀传统文化、革命文化和社会主义先进文化统一于中国特色社会主义事业的伟大历史进程，记载了中华民族长期奋斗过程中的精神活动、理性思维、文化成果，积淀着中华民族最深层的精神追求，代表着中华民族独特的精神标识，共同支撑起当代中国文化的辉煌大厦，是中华民族生生不息、发展壮大的丰厚滋养。家庭教育作为文化传承的重要方式，应当大力弘扬中华优秀传统文化、革命文化、社会主义先进文化，这也是千万家庭不可推卸的责任。

四、培养德智体美劳全面发展的社会主义建设者和接班人

未成年人是国家未来的建设者、社会主义事业的接班人。培养什么样的社会主义建设者和接班人，关系党和国家事业后继有人、不断发展。从家庭教育功能作用出发，具体要求是德智体美劳全面发展，这也是对未成年人全面发展的高度概括。德智体美劳全面发展包括品德、智力、体质、审美、劳动五个方面，对应德育、智育、体育、美育和劳动教育等五类教育活动。品德，包括人品素质和思想道德；智力，包括掌握科学文化知识、技能，培养科学态度、探索精神；体质，包括体格、体能和掌握体育知识技能，培养高尚情操；审美，包括艺术兴趣、想象力和创新意识，能够理解美、发现美、创造美，具有健康向上的审美趣味、审美格调、审美理想；劳动，包括劳动知识和技能，树立正确的劳动观念，养成良好的劳动意识和习惯。在家庭教育促进法中，强调德智体美劳全面发展，有利于纠正当前家庭教育领域存在的“重智轻德”等过分重视未成年人智力培养，而忽视品德、体质、审美、劳动其他方面发展的不良倾向。

◆ **相关规定**

《中华人民共和国未成年人保护法》第一条、第五条

第四条 未成年人的父母或者其他监护人负责实施家庭教育。

国家和社会为家庭教育提供指导、支持和服务。

国家工作人员应当带头树立良好家风，履行家庭教育责任。

◆ **条文主旨**

本条是关于家庭教育相关主体职责的规定。

◆ **立法背景**

家庭教育涉及家庭、学校、社会以及国家各个方面，各方面各相关主体，从不同角度对家庭教育发挥不同的作用。但在实践中，也存在有关主体对自身定位不清楚、责任意识不强，没有切

实履行家庭教育相关职责，没有发挥出应有的作用的问题。例如，有的父母或者其他监护人存在“重学校教育、轻家庭教育”的倾向，认为把未成年人送到学校后，教育就只是学校和老师的责任。有的政府部门、中小学认为，做好学校教育的工作就可以了，家庭教育是家庭内部的私事，外界不必也不宜插手，等等。为此，本条对家庭教育相关主体的职责作出明确规定。

◆ **条文解读**

一、未成年人的父母或者其他监护人负责实施家庭教育

习近平总书记指出，家庭教育最关键的责任主体是家长，家庭是人生的第一所学校，家长是孩子的第一任老师，家庭生活中父母对未成年子女的教育和影响，对其良好行为习惯、思想品德、价值观的形成，健全人格培养等都具有基础性作用。本法贯彻落实习近平总书记有关重要论述精神，在第二条关于家庭教育的定义中就明确，家庭教育的实施主体是父母或者其他监护人。

同时，未成年人的父母或者其他监护人负责实施家庭教育，也具有宪法和法律依据，父母或者其他监护人的家庭教育职责实际是其监护职责的重要部分。《中华人民共和国宪法》第四十九条规定，父母有抚养教育未成年子女的义务。《中华人民共和国民法典》第二十六条规定，父母对未成年子女负有抚养、教育和保护的义务。《中华人民共和国未成年人保护法》第二章“家庭保护”对父母或者其他监护人的监护职责作出更加具体的规定，其中包括为未成年人提供生活、健康、安全等方面的保障；关注未成年人的生理、心理状况和情感需求；教育和引导未成年人遵纪守法、勤俭节约，养成良好的思想品德和行为习惯；对未成年人进行安全教育，提高未成年人的自我保护意识和能力；等等。

本法除在总则中明确父母或者其他监护人负责实施家庭教育

外，在第二章“家庭责任”中进一步作出具体规定。例如，父母或者其他监护人应当遵循未成年人成长规律，树立正确的家庭教育理念；应当与中小学校、幼儿园婴幼儿照护服务机构、社区密切配合，积极参加家庭教育指导和实践活动；父母分居或者离异，应当继续相互配合履行家庭教育责任，任何一方不得拒绝或者怠于履行；依法委托他人照护未成年人，应当定期了解未成年人学习、生活情况和心理状况，与被委托人共同履行家庭教育责任；合理安排未成年人的学习、休息、娱乐和体育锻炼时间；等等。

二、国家和社会为家庭教育提供指导、支持和服务

实施家庭教育的责任主体是未成年人的父母或者其他监护人，但由于各个家庭的差异，有的父母或者监护人在实施家庭教育方面存在意识不强、知识匮乏、能力不足等问题，影响其实施家庭教育的成效，也影响未成年人的健康成长。家庭教育不仅仅是家庭内部的事务，也关系国家民族长远发展，需要全社会关心、重视和支持。习近平总书记指出，培养好少年儿童是一项战略任务，事关长远，强调家庭、学校、政府、社会都有责任，谁都不是旁观者，谁都不能置身事外，要求各级党委和政府充分认识家庭文明建设的重要性，负起领导责任，切实把家庭文明建设摆上议事日程，教育、妇联等部门要统筹协调社会资源支持服务家庭教育，全社会都要担负起青少年成长成才的责任。

因此，在家庭教育促进法中明确规定，国家和社会为家庭教育提供指导、支持和服务，各级人民政府指导家庭教育工作，有关部门在各自职责范围内做好家庭教育工作。同时，在国家支持、社会协同两个专章中，对各级人民政府、家庭教育指导机构、婚姻登记机构、收养登记机构、儿童福利机构、家庭教育服务机构、医疗保健机构、公共文化服务机构、中小学校、幼儿园、村（居）民委员会以及新闻媒体等各方面的具体职责作出规定，广泛动员各方面力量，为父母或者其他监护人实施家庭教育提供有力支持。

三、国家工作人员应当带头树立良好家风，履行家庭教育责任

习近平总书记指出，领导干部的家风，不仅关系自己的家庭，而且关系党风政风，要求着眼于以优良党风带动民风社风，发挥优秀党员、干部、道德模范的作用，把家风建设作为领导干部作风建设重要内容，弘扬真善美、抑制假恶丑，营造崇德向善、见贤思齐的社会氛围，推动社会风气明显好转。2016 年，党的十八届六中全会通过《关于新形势下党内政治生活的若干准则》，要求领导干部特别是高级干部必须带头践行社会主义核心价值观，继承和发扬党的优良传统和作风，弘扬中华民族传统美德，讲修养、讲道德、讲诚信、讲廉耻，养成共产党人的高风亮节，自觉远离低级趣味。领导干部特别是高级干部必须注重家庭、家教、家风，教育管理好亲属和身边工作人员。2019 年，中共中央印发的《关于加强和改进中央和国家机关党的建设的意见》中提出，领导干部要注重家庭家教家风，教育引导亲属坚决听党话跟党走，立德修身、遵纪守法、廉洁从业。2021 年，中宣部、中央文明办、中央纪委机关、国家监委、教育部、全国妇联印发《关于进一步加强家庭家教家风建设的实施意见》，强调抓好党员和领导干部家风建设。把家风建设作为党员和领导干部作风建设重要内容，引导党员和领导干部提高政治站位，自觉把家风建设摆在重要位置，把对党忠诚纳入家庭家教家风建设，严格遵守党章党规党纪，带头廉洁治家，公私分明、亲清分开，严格家教家风，从严管好家属子女，经常监督、提醒、警示，教育督促他们遵纪守法、尽心尽责工作等。

因此，在家庭教育促进法中明确规定，国家工作人员应当带头树立良好家风，履行家庭教育责任。国家工作人员包括：（1）国家机关工作人员，即在国家机关中从事公务的人员，包括在各级国家权力机关、行政机关、司法机关、监察机关和军事机关中从事公务的人员。(2) 国有公司、企业、事业单位、人民团体中从事公务的人员。(3) 国家机关、国有公司、企业、事业单位委派到非国有公司、企业、事业单位、社会团体从事公务的人员。(4) 其他依照法律从事公务的人员。同时，本法第三十七条第一款还规定国家机关、企业事业单位、群团组织、社会组织应当将家风建设纳入单位文化建设，支持职工参加相关的家庭教育服务活动。通过国家工作人员发挥带头表率作用，推动广大家庭弘扬优良家风，以千千万万家庭的好家风支撑起全社会的好风气。

◆ **相关规定**

《中华人民共和国宪法》第四十九条；《中华人民共和国民法典》第二十六条；《中华人民共和国未成年人保护法》第十五条、第十六条

第五条 家庭教育应当符合以下要求：

（一）尊重未成年人身心发展规律和个体差异；

（二）尊重未成年人人格尊严，保护未成年人隐私权和个人信息，保障未成年人合法权益；

（三）遵循家庭教育特点，贯彻科学的家庭教育理念和方法；

（四）家庭教育、学校教育、社会教育紧密结合、协调一致；

（五）结合实际情况采取灵活多样的措施。

◆ **条文主旨**

本条是关于家庭教育应当符合的要求的规定。

◆ **立法背景**

家庭教育有其自身特点，无论是父母或者其他监护人实施家庭教育，还是国家、社会各方面为家庭教育提供支持、协助，都应当考虑家庭教育自身特点，并满足一定的要求。本条根据家庭教育所具有的独特性，对家庭教育应当符合的要求作出规定。

◆ **条文解读**

根据本条规定，家庭教育应当符合以下要求。

一、尊重未成年人身心发展规律和个体差异

未成年人身心发展有其自身的规律和特点，身体发育由小到大，逐步成长；组织机能由弱到强，逐步健全；心智发展由慢到快，日益成熟。未成年人随着年龄增长，身高、体重逐步接近成年人，思维活动由简单到复杂，科学知识和社会经验不断积累，分析、判断问题的能力逐渐形成，能预见和判断自己行为的后果，从而承担相应的责任。不同的年龄阶段，无论是身高、体重，还是认识能力、思维能力和判断能力等各方面，都有显著的阶段性特点。对未成年人实施家庭教育，必须尊重并遵循其身心发展规律，在其成长的不同阶段提出的要求和采取的教育措施应当符合未成年人的阶段性特征，促进未成年人在这个阶段的身心健康发展，否则难以真正取得实效。

2019 年全国妇联印发《全国家庭教育指导大纲（修订）》明确提出，儿童发展既有连续性又有阶段性，家庭教育指导服务应依据儿童在不同发展阶段的特点开展。根据新婚期及孕期特点以及未成年人在 0—3 岁、3—6 岁、6—12 岁、12—15 岁、15—18 岁不同阶段的身心发展特点，提出具有针对性的家庭教育指导内容要点。例如，3—6 岁儿童处于身心快速发展的时期。儿童的身高和体重稳步增长，大脑、神经、动作技能等获得长足的进步；

自我独立意识增强，开始表现出一定兴趣、爱好、脾气等个性倾向；初步具备自我情绪调节能力；愿意与同伴交往，乐于分享；学习能力开始发展，语言表达能力强；依恋家长，会产生分离焦虑；处于道德他律期，独立性、延迟满足能力、自信心都有所发展。在这个年龄阶段，家庭教育要点包括：积极带领儿童感知家乡与祖国的美好；引导儿童关心、尊重他人，学会交往；培养儿童规则意识，增强社会适应性；加强儿童营养保健和体育锻炼；丰富儿童感性经验；提高安全意识；培养儿童生活自理能力和劳动意识；科学做好入学准备等。为家长提供家庭教育指导服务，也应充分考虑这个成长阶段未成年人的特点，围绕上述要点进行指导和帮助。

需要注意的是，无论哪个年龄段的未成年人，既有共性也有个性，个体的智力发展水平、健康状况、家庭环境、家庭关系等各种因素都可能影响家庭教育的实施及其效果，因此家庭教育除了尊重未成年人身心发展规律外，还应当关注个体差异，因材施教。例如，在离异家庭中，要强调父母不能以离异为理由拒绝履行家庭教育的职责，注意避免将婚姻失败与情感压力迁怒于未成年子女，要强化非监护方的父母角色与责任，增强履职意识与能力。对于农村留守儿童的家庭教育，要注重增强父母是家庭教育和儿童监护责任主体的意识，确保农村留守儿童得到妥善监护照料、亲情关爱和家庭温暖。对于智力障碍未成年人的家庭教育，要注意树立医教结合的观念，拟定个别化医疗和教育训练计划，通过积极的早期干预措施改善障碍状况，并培养未成年人的社会适应能力等。

二、尊重未成年人人格尊严，保护未成年人隐私权和个人信息，保障未成年人合法权益

人格尊严是一个人应有的最起码的社会地位，以及受到他人和社会最起码尊重的权利。人格尊严不受侵犯，是自然人作为人的基本条件之一，也是社会文明进步的一个基本标志。《中华人民共和国宪法》第三十八条规定："中华人民共和国公民的人格尊严不受侵犯。禁止用任何方法对公民进行侮辱、诽谤和诬告陷害。"民法典编纂中单设人格权编，落实宪法规定要求，彰显保护人格权、尊重人格尊严。未成年人作为公民，同样享有肖像权、姓名权、名誉权、荣誉权等广泛的人格权利，其人格尊严同样应当得到尊重。但由于未成年人在生理、心理、智力、社会政治经济地位等方面相对弱势，其人格尊严容易被忽视，实践中不尊重未成年人人格尊严的情形时常发生。未成年人保护法强调处理未成年人事项，应当尊重未成年人人格尊严，这一要求也体现在家庭教育领域。例如，未成年人的父母或者其他监护人在实施家庭教育过程中，不得因性别、身体状况、智力等歧视未成年人，不得实施家庭暴力或者其他侮辱人格尊严的行为。

同时，在家庭教育中还要注意保护未成年人隐私权和个人信息。隐私是自然人的私人生活安宁和不愿为他人知晓的私密空间、私密活动、私密信息。隐私权是自然人对隐私的权利，是一种重要的人格权，包括：一是隐私享有权，即自然人有权对私密信息、私密活动和私密空间进行隐匿，有权享有生活安宁状态；二是隐私维护权，即自然人有权维护自己的隐私不受侵犯，有权寻求救济；三是隐私公开权，即自然人有权在法律和公序良俗所允许的范围内公开自己的隐私。个人信息是以电子或者其他方式记录的能够单独或者与其他信息结合识别特定自然人的各种信息，包括自然人的姓名、出生日期、身份证件号码、生物识别信息、住址、电话号码等。隐私权和个人信息在维护人格尊严、维护个人安宁、提高个人安全感等方面具有影响，对于维护未成年人合法权益、保障未成年人身心健康具有重要意义。但同时未成年人自身保护隐私权和个人信息的意识和能力相对薄弱，需要家庭、学校、社会、政府等给予更多关注。

三、遵循家庭教育特点，贯彻科学的家庭教育理念和方法

与学校教育、社会教育不同，家庭教育具有自身特点和规律。家庭对未成年人一生的成长是至关重要的，父母与未成年人朝夕相处，接触的时间和机会最多，父母的言行无时无刻不在影响着未成年人，父母的教诲引导孩子从小走到大，对孩子未来发展有着重大深远的意义。家庭教育的开展不受时间、地点、条件的限制，更没有固定的方法和模式，更多体现为长时间共同生活中潜移默化的影响。无论是父母或者其他监护人实施家庭教育，还是为其提供科学化、专业化、规范化的指导服务，都应遵循家庭教育自身规律和特点。

同时，也应注意到，家庭教育也是一门科学，没有人天生就懂得如何做父母、如何做好家庭教育，家庭教育具有理论性、科学性，需要不断学习研究。随着人类自然科学、社会科学等的不断发展，人们对家庭教育科学理念和方法的认识也不断深入。实践中许多未成年人的父母也想教育孩子，但是不知如何教育，有的采取不适当甚至错误的教育方法，对未成年人的健康成长和全面发展带来严重不利影响。因此，父母或者其他监护人应当认真学习家庭教育知识，系统掌握家庭教育科学理念和方法，增强家庭教育本领，用正确思想、正确方法、正确行动教育引导孩子；不断更新家庭教育观念，坚持立德树人导向，以端正的育儿观、成才观、成人观引导孩子逐渐形成正确的世界观、人生观、价值观；不断提高自身素质，重视以身作则和言传身教，要时时处处给孩子做榜样，以自身健康的思想、良好的品行影响和帮助孩子养成好思想、好品格、好习惯。

四、家庭教育、学校教育、社会教育紧密结合、协调一致

家庭、学校、社会是促进未成年人健康成长的共同体，家庭、学校和社会这三方面以不同的空间和时间形式占据了未成年人的整个生活，无论哪一方面出现空白都可能出现不利影响。对未成年人的教育是一项系统工程，包含家庭教育、学校教育和社会教育，三者各有侧重、相互关联、相互影响，从不同方面发挥育人作用。家庭教育主要是为了挖掘和发现子女的天赋潜能，培养孩子的性格、行为习惯而进行的个性化培育过程；学校教育包括国家实行的学前教育、初等教育、中等教育、高等教育，主要是为了把学生培养成德智体美劳全面发展的社会人而进行的共性化培育过程；社会教育主要是以培养与时俱进、积极向上的合格有用人才为目标的综合化培育过程。只有家庭、学校、社会协同共育，才能创造孩子美好的未来。

家庭教育、学校教育和社会教育共同作用的过程是彰显育人效果的过程，也是推动教育前进和发展的过程，因此无论是在家庭教育领域，还是在学校教育、社会教育领域，都会强调三者紧密配合。2004 年《中共中央、国务院关于进一步加强和改进未成年人思想道德建设的若干意见》指出，家庭教育在未成年人思想道德建设中具有特殊重要的作用，要把家庭教育与学校教育、社会教育紧密结合起来，构建以家庭、学校和社会密切配合的全方位、多层次、立体化的大教育格局。全国妇联 2019 年发布的《全国家庭教育指导大纲（修订）》也提出，努力拓展家庭教育空间，不断创造家庭教育机会，积极主动与学校沟通孩子情况，支持孩子参加适合的社会实践，推动家庭教育和学校教育、社会教育有机融合。家长要认识到家校社协同育人的重要意义，主动参与家校社协同教育等。

教育法、未成年人保护法以及本法等有关法律也都对家庭教育、学校教育、社会教育相互配合作出规定。例如，《中华人民共和国教育法》第五十条至第五十三条规定，未成年人的父母或者其他监护人应当为其未成年子女或者其他被监护人受教育提供必要条件。未成年人的父母或者其他监护人应当配合学校及其他教育机构，对其未成年子女或者其他被监护人进行教育。学校、教师可以对学生家长提供家庭教育指导。广播、电视台（站）应当开设教育节目，促进受教育者思想品德、文化和科学技术素质的提高。学校及其他教育机构应当同基层群众性自治组织、企业事业组织、社会团体相互配合，加强对未成年人的校外教育工作。国家鼓励社会团体、社会文化机构及其他社会组织和个人开展有益于受教育者身心健康的社会文化教育活动。《中华人民共和国未成年人保护法》第六条第二款规定，国家、社会、学校和家庭应当教育和帮助未成年人维护自身合法权益，增强自我保护的意识和能力。

五、结合实际情况采取灵活多样的措施

每个家庭都具有一定的独特性，家庭教育也不可能像学校教育那样，具有统一性、计划性。家庭教育通过家庭在日常生活中实施，灵活性强，不受时间、地点、场合、条件的种种限制。家庭教育侧重于德育，同时也涉及其他多方面的教育，在具体内容和目标上各个家庭侧重点也不同。家庭教育是在家庭生活中通过家长言传身教、家庭环境熏陶等多种有意和无意的方式进行的。因此，家庭教育的实施应当结合具体的实际情况，采取灵活多样的措施。本法第十七条就规定，实施家庭教育应当关注未成年人的生理、心理、智力发展状况，合理运用“相机而教，寓教于日常生活之中”等家庭教育的方式方法。

◆ **相关规定**

《中华人民共和国宪法》第三十八条；《中华人民共和国教育法》第四十六条至第五十三条；《中华人民共和国未成年人保护法》第四条、第六条、第三十三条

第六条 各级人民政府指导家庭教育工作，建立健全家庭学校社会协同育人机制。县级以上人民政府负责妇女儿童工作的机构，组织、协调、指导、督促有关部门做好家庭教育工作。

教育行政部门、妇女联合会统筹协调社会资源，协同推进覆盖城乡的家庭教育指导服务体系建设，并按照职责分工承担家庭教育工作的日常事务。

县级以上精神文明建设部门和县级以上人民政府公安、民政、司法行政、人力资源和社会保障、文化和旅游、卫生健康、市场监督管理、广播电视、体育、新闻出版、网信等有关部门在各自的职责范围内做好家庭教育工作。

◆ **条文主旨**

本条是关于家庭教育工作体制机制的规定。

◆ **立法背景**

家庭教育促进法的一个重要作用，就是促使国家采取措施为家长实施家庭教育提供支持。保障国家顺利开展家庭教育工作，关键在于建立家庭教育工作的体制机制。本条规定了政府及其有关部门以及妇联等的工作职责，确保家庭教育工作顺利开展。

◆ 条文解读

一、各级人民政府指导家庭教育工作

家庭教育工作关系未成年人的健康成长，关系家庭和睦幸福与社会和谐稳定，是涉及公共利益的重要公共事务，是政府管理的重要内容，因此本法在总则中明确了各级人民政府在指导家庭教育工作中的主导作用。

党和政府历来高度重视家庭教育工作。党的十九届五中全会明确提出要健全学校家庭社会协同育人机制，国家“十四五”规划和国务院颁布的《中国儿童发展纲要（2021—2030年）》中均提出了健全学校家庭社会协调育人机制的目标任务。中宣部、中央文明办、教育部、全国妇联等七部门联合印发的《关于进一步加强家庭家教家风建设的实施意见》也指出，要健全家庭学校社会协同育人机制，畅通家校社沟通渠道。只有家庭学校社会协同育人，构建起目标一致、边界清晰、资源共享的全链条育人格局，才能促进未成年人全面健康成长。因此本法在规定各级人民政府承担指导家庭教育工作主体责任的同时，也明确了要建立健全家庭学校社会协同育人机制的核心任务。

二、县级以上人民政府负责妇女儿童工作的机构，组织、协调、指导、督促有关部门做好家庭教育工作

县级以上人民政府负责妇女儿童工作的机构，是指妇女儿童工作委员会。确定妇女儿童工作委员会“组织、协调、指导、督促有关部门做好家庭教育工作”的法律地位，是由妇儿工委的机构性质和职能作用决定的。一方面，妇儿工委是各级人民政府负责妇女儿童工作的议事协调机构，成员单位由教育、妇联、公安、民政、司法行政、文化和旅游、卫生健康、市场监督管理、广播电视、网信等政府部门及社会团体组成。家庭教育工作的主要责

任单位都是妇儿工委的成员单位，妇儿工委承担组织、协调、指导、督促有关部门做好家庭教育工作职责具有特殊优势。另一方面，妇儿工委负责妇女儿童发展纲要实施的组织、协调、指导和督促，儿童发展纲要一直将家庭教育作为主要目标之一，并配套提出了明确的策略措施，因此组织、协调、指导、督促有关部门做好家庭教育工作，妇儿工委责无旁贷。各级妇儿工委要在推进妇女儿童发展纲要实施中统筹推进家庭教育相关目标任务的实现。

三、教育行政部门、妇女联合会按照职责分工承担家庭教育工作的日常事务

习近平总书记在2018年9月召开的全国教育大会上指出，教育、妇联等部门要统筹协调社会资源支持服务家庭教育。在多年工作实践中，教育部门和妇联组织共同牵头制定家教教育工作规划，颁布家庭教育指导大纲、家长家庭教育基本行为规范；立足各自职能，分别依托中小学、幼儿园和城乡社区开展家庭教育知识宣传普及，在指导推动家庭教育中一直承担主要任务，因此本法规定由教育行政部门、妇女联合会承担家庭教育工作日常事务。

教育行政部门、妇女联合会按照法律规定，重点围绕推动构建覆盖城乡的家庭教育指导服务体系、健全家庭学校社会协同育人机制，指导推进家庭教育，承担相关日常工作。包括：制定出台家庭教育工作规划、家庭教育指导大纲等，完善家庭教育政策；巩固、拓展家庭教育指导服务阵地，教育部门负责指导和督促中小学、幼儿园建立家长学校，妇联负责指导和督促城乡社区建立家长学校等家庭教育指导服务站点，依托阵地开展家庭教育指导服务；发展壮大家庭教育指导服务队伍，组织家庭教育宣传实践活动，开展家庭教育研究等。在实践中，教育行政部门、妇女联合会在承担日常工作方面如何分工，以及具体职责划分，可以由地方根据本地实际情况和工作需要作出安排。

四、精神文明建设部门和公安、民政等有关部门在各自职责范围内做好家庭教育工作

家庭教育工作涉及面广，需要多部门各司其职、齐抓共管、协同配合，因此本法在规定妇女儿童工作委员会承担组织、协调、指导、督促职责，教育行政部门、妇女联合会承担家庭教育工作日常事务的基础上，依据部门职责，对县级以上精神文明建设部门和县级以上人民政府、公安、民政、司法行政、人力资源和社会保障、文化和旅游、卫生健康、市场监督管理、广播电视、体育、新闻出版、网信等有关部门在各自职责范围内做好家庭教育工作作出明确规定。如：民政部门要鼓励支持社会组织依法开展家庭教育指导服务活动；要督促指导婚姻、收养登记机构在开展登记服务过程中，做好宣传家庭教育知识、提供家庭教育指导等工作。

第七条 县级以上人民政府应当制定家庭教育工作专项规划，将家庭教育指导服务纳入城乡公共服务体系和政府购买服务目录，将相关经费列入财政预算，鼓励和支持以政府购买服务的方式提供家庭教育指导。

◆ 条文主旨

本条是关于家庭教育工作支持保障措施的规定。

◆ 立法背景

为推动家庭教育工作创新发展，促进儿童全面健康成长，自1996年以来，全国妇联、教育部等部门已颁布实施了全国家庭教育工作“九五”“十五”“十一五”“十二五”“十三五”五个家庭教育工作规划，各省区市也因地制宜制定出台了实施规划，这些专项规划在指导推进家庭教育工作中发挥了重要作用，为家庭教育事业发展提供了重要政策保障。在制定家庭教育促进法的过程中，各方面普遍反映，应当坚持这一做法，最好是明确由政府制定家庭教育工作规划以及提供必要的经费保障，以确保家庭教育工作的稳定和可持续发展。根据各方面意见，本条对工作规划和经费等问题作了专门规定。

◆ **条文解读**

一、制定家庭教育工作专项规划

家庭教育工作专项规划是对一个时期家庭教育工作进行统筹规划的指导性文件。在不同时期，国家有关方面多次制定家庭教育工作规划。例如，2016 年，全国妇联联合教育部、中央文明办、民政部、原文化部等单位，制定《关于指导推进家庭教育的五年规划（2016—2020）》。通过制定家庭教育工作规划，明确推进家庭教育工作的指导思想、目标任务和保障措施，发挥重要促进作用。本法将这一成熟的实践经验上升为法律制度，并提高制定主体要求以增强规划权威性，规定县级以上人民政府应当制定家庭教育工作专项规划，对本区域一定时期内家庭教育工作的总体目标、具体任务、保障措施等作出规定，上下联动、部门合力推进家庭教育。

二、将家庭教育指导服务纳入城乡公共服务体系

家庭教育指导服务是面向所有家庭提供的，旨在宣传普及家庭教育知识，帮助家长提高家庭教育能力。解决家庭教育问题的公共服务，应当被纳入公共服务体系，以保障其供给的公益性、普惠性和稳定性。因此本法规定各级人民政府应将家庭教育指导服务纳入城乡公共服务体系。具体而言，就是要建立健全家庭教育公共服务网络，依托中小学校、幼儿园建立家长学校，依托城乡公共服务设施和机构设立家庭教育指导服务站点，统筹建设家庭教育信息化共享服务平台，开设公益性网上家长学校和网络课程等，为城乡家庭提供满足其基本需求的指导服务。同时要重点关注留守未成年人和困境未成年人的家庭教育指导，引导其父母或其他监护人积极关注未成年人身心健康状况，加强亲情关爱。

三、将相关经费列入财政预算

为有效解决制约家庭教育发展的瓶颈问题，本法规定县级以上人民政府要将家庭教育工作相关经费纳入本级财政预算，以形成稳定的经费保障机制，为家庭教育工作提供必需的财力支持，用于组织开展家庭教育指导、家庭教育队伍培训、家庭教育宣传实践活动等，以此有力推动家庭教育工作持续健康发展。

四、将家庭教育指导服务纳入政府购买服务目录，鼓励和支持以政府购买服务的方式提供家庭教育指导

政府购买服务，是指各级国家机关将属于自身职责范围且适合通过市场化方式提供的服务事项，按照政府采购方式和程序，交由符合条件的机构承担，并根据服务数量和质量等因素向其支付费用的行为。政府购买服务的具体范围和内容实行指导性目录管理，指导性目录依法予以公开。从理论层面看，家庭教育指导服务属于政府向社会公众提供的公共服务范畴，它的提供需要多元主体参与，不仅需要政府提供普惠性的公共服务，同时也需要社会组织提供灵活多样、专业化个性化的服务。从实践层面看，目前政府提供的家庭教育公共服务还不能完全满足家长的育儿需求，亟须通过政府购买服务的方式，鼓励和支持家庭教育专业服务机构为家长提供多元化的指导。因此，本条要求县级以上人民政府将家庭教育指导服务纳入政府购买服务目录，鼓励和支持以政府购买服务的方式提供家庭教育指导，这样有助于形成政府主导、社会参与的多元共治格局，实现家庭教育指导服务的有效供给。

第八条 人民法院、人民检察院发挥职能作用，配合同级人民政府及其有关部门建立家庭教育工作联动机制，共同做好家庭教育工作。

◆ 条文主旨

本条是关于人民法院、人民检察院配合建立家庭教育工作联动机制的规定。

◆ 立法背景

国家为家庭教育提供支持是家庭教育促进法的重要内容。本法明确规定，国家和社会为家庭教育提供指导、支持和服务。人民法院、人民检察院作为国家司法机关，在保障未成年人健康成长方面担负重要职责。未成年人保护法第七章“司法保护”对人民法院、人民检察院的有关职责专章作出规定。预防未成年人犯罪法也从预防未成年人违法犯罪角度，对司法机关相关职责作出规定。其中就包括公安机关、人民检察院、人民法院在办理案件过程中发现实施严重不良行为的未成年人的父母或者其他监护人不依法履行监护职责的，应当予以训诫，并可以责令其接受家庭教育指导等。综合而言，人民法院、人民检察院在家庭教育促进工作中承担着重要职责，发挥着重要作用。因此，本法在总则和有关章节中对人民法院、人民检察院做好家庭教育工作作出了明确规定。

◆ **条文解读**

一、人民法院、人民检察院的有关职能

1. 人民法院是国家的审判机关。《中华人民共和国人民法院组织法》第三条第二款规定，人民法院通过审判刑事案件、民事案件、行政案件以及法律规定的其他案件，惩罚犯罪，保障无罪的人不受刑事追究，解决民事、行政纠纷，保护个人和组织的合法权益，监督行政机关依法行使职权，维护国家安全和社会秩序，维护社会公平正义，维护国家法制统一、尊严和权威，保障中国特色社会主义建设的顺利进行。本法第三十四条、第四十九条还规定，人民法院在审理离婚案件时，应当对有未成年子女的夫妻双方提供家庭教育指导。公安机关、人民检察院、人民法院在办理案件过程中，发现未成年人存在严重不良行为或者实施犯罪行为，或者未成年人的父母或者其他监护人不正确实施家庭教育侵害未成年人合法权益的，根据情况对父母或者其他监护人予以训诫，并可以责令其接受家庭教育指导。此外，《中华人民共和国未成年人保护法》第二十四条第二款、第一百一十八条规定，未成年人的父母离婚后，不直接抚养未成年子女的一方应当依照协议、人民法院判决或者调解确定的时间和方式，在不影响未成年人学习、生活的情况下探望未成年子女，直接抚养的一方应当配合，但被人民法院依法中止探望权的除外。公安机关接到报告或者公安机关、人民检察院、人民法院在办理案件过程中发现未成年人的父母或者其他监护人不依法履行监护职责或者侵犯未成年人合法权益的，应当予以训诫，并可以责令其接受家庭教育指导。《中华人民共和国预防未成年人犯罪法》也作了相应规定，第二十四条规定人民检察院、人民法院等应当结合实际，组织、举办多种形式的预防未成年人犯罪宣传教育活动。

2. 人民检察院是国家的法律监督机关。《中华人民共和国人民检察院组织法》第二条第二款规定，人民检察院通过行使检察权，追诉犯罪，维护国家安全和社会秩序，维护个人和组织的合法权益，维护国家利益和社会公共利益，保障法律正确实施，维护社会公平正义，维护国家法制统一、尊严和权威，保障中国特色社会主义建设的顺利进行。本法第四十九条还规定，公安机关、人民检察院、人民法院在办理案件过程中，发现未成年人存在严重不良行为或者实施犯罪行为，或者未成年人的父母或者其他监护人不正确实施家庭教育侵害未成年人合法权益的，根据情况对父母或者其他监护人予以训诫，并可以责令其接受家庭教育指导。未成年人保护法、预防未成年人犯罪法也作了相应的规定。

二、配合建立家庭教育工作联动机制

家庭教育的核心是促进未成年人全面健康成长，未成年人的父母或者其他监护人承担对未成年人实施家庭教育的主体责任，同时，保护未成年人是国家机关、武装力量、政党、人民团体、企业事业单位、社会组织、城乡基层群众性自治组织、未成年人的监护人以及其他成年人的共同责任。国家和社会为家庭教育提供指导、支持和服务。开展家庭教育工作需要建立专门的联动机制，这样才能有效组织和协调开展工作，真正把家庭教育工作做到实处、取得实效。根据家庭教育实践需要，一些地方立法也规定，政府应当建立健全部门联动机制，督促有关部门按照各自职责，做好家庭教育相关工作。

总结地方立法经验，本条明确规定人民法院、人民检察院发挥职能作用，配合同级人民政府及其有关部门建立家庭教育工作联动机制，共同做好家庭教育工作。一是明确了人民政府应当建立家庭教育工作联动机制。根据第六条的规定，县级以上人民政府负责妇女儿童工作的机构，组织、协调、指导、督促有关部门做好家庭教育工作。家庭教育工作联动机制的责任主体是政府，代表的是人民政府，履行的是政府职责。二是人民法院、人民检察院应当配合同级人民政府及其有关部门建立家庭教育工作联动机制，共同做好家庭教育工作。人民检察院和人民法院承担着重要的司法保护的责任，其中一项重要职能就是在办理涉及未成年人的案件过程中能够发现家庭教育存在的一些问题，人民法院、人民检察院配合并参与家庭教育工作联动机制，对于共同做好家庭教育工作具有非常重要的意义。

◆ **相关规定**

《中华人民共和国未成年人保护法》第六条、第一百一十八条；《中华人民共和国预防未成年人犯罪法》第二十四条、第六十一条；《中华人民共和国家庭教育促进法》第三十四条、第四十九条

第九条 工会、共产主义青年团、残疾人联合会、科学技术协会、关心下一代工作委员会以及居民委员会、村民委员会等应当结合自身工作，积极开展家庭教育工作，为家庭教育提供社会支持。

◆ **条文主旨**

本条是关于有关群团组织、基层群众性自治组织应当为家庭教育提供社会支持的规定。

◆ **立法背景**

家庭教育工作是一项系统工程，需要家庭履责、国家支持和社会各方面协同参与。工会、共产主义青年团、残疾人联合会、科学技术协会等群团组织，作为党和政府联系人民群众的桥梁和

纽带，在组织引导群众自觉培育和践行社会主义核心价值观、参与创新社会治理和维护社会稳定、维护群众自身合法权益方面发挥着重要作用，其中包括组织引导继承和弘扬中华优秀传统文化、革命文化、社会主义先进文化，树立良好家风，推进家庭文明建设。居民委员会、村民委员会作为基层群众性自治组织，他们的工作与家庭密切相关，连着千家万户，在家庭文明建设和基层治理中具有不可替代的作用。结合群团组织、基层群众性自治组织的工作职能和特点，本条对其在开展家庭教育工作方面的职责作出规定。

◆ **条文解读**

一、有关群团组织、关心下一代工作委员会、基层群众性自治组织

1. 工会、共产主义青年团、残疾人联合会、科学技术协会等群团组织。群团组织是群众性团体组织的简称。我国的群众性团体组织一般是在党的领导下获得政府认可和支持后成立的，是党密切联系群众的重要渠道。目前我国有二十二个群团组织，包括全国总工会、共青团、全国妇联、中国文联、中国作协、中国科协、全国侨联、法学会、对外友协、中国记协、全国台联、贸促会、中国残联、红十字总会、外交学会、宋庆龄基金会、黄埔军校同学会、欧美同学会、思想政治工作研究会、中华职业教育社、全国工商联、计划生育协会等。党中央高度重视群团组织，近年来，群团组织正在深化改革。2015 年《中共中央关于加强和改进党的群团工作的意见》对群团组织作出规定，提出了要求。党的十九届三中全会通过的《深化党和国家机构改革方案》提出，要健全党委统一领导群团工作的制度，紧紧围绕保持和增强政治性、先进性、群众性这条主线，着力解决“机关化、行政化、贵族化、娱乐化”等问题。促进党政机构同群团组织功能有机衔接，支持和鼓励群团组织承接适合由群团组织承担的公共服务职能，增强群团组织团结教育、维护权益、服务群众功能，充分发挥党和政府联系人民群众的桥梁纽带作用。

本条列举了有关的一些群团组织。根据《中华人民共和国工会法》第二条、第七条的规定，工会是职工自愿结合的工人阶级的群众组织。中华全国总工会及其各工会组织代表职工的利益，依法维护职工的合法权益。工会教育职工不断提高思想道德、技术业务和科学文化素质，建设有理想、有道德、有文化、有纪律的职工队伍。共产主义青年团是中国共产党领导的先进青年的群团组织，是广大青年在实践中学习中国特色社会主义和共产主义的学校，是党的助手和后备军。根据《中华人民共和国残疾人保障法》第八条的规定，中国残疾人联合会及其地方组织，代表残疾人的共同利益，维护残疾人的合法权益，团结教育残疾人，为残疾人服务。中国残疾人联合会及其地方组织依照法律、法规、章程或者接受政府委托，开展残疾人工作，动员社会力量，发展残疾人事业。根据《中华人民共和国科学技术进步法》第五十八条第二款的规定，科学技术协会和其他科学技术社会团体按照章程在促进学术交流、推进学科建设、发展科学技术普及事业、培养专门人才、开展咨询服务、加强科学技术人员自律和维护科学技术人员合法权益等方面发挥作用。需要注意的是，有关妇女联合会在家庭教育中的职责和独特作用，在本法第六条、第三十五条等条文中作出专门规定。

2. 关心下一代工作委员会。中国关心下一代工作委员会是党中央批准成立的，以热心关心下一代工作的离退休老同志为主体、党政有关部门和群团组织负责人参加的，以关心、教育、培养青少年健康成长为目的的群众性工作组织，是党和政府联系青少年的桥梁和纽带。中国关工委组织和动员老干部、老战士、老专家、老教师、老模范，大力弘扬“忠诚敬业、关爱后代、务实创新、无私奉献”精神，着力加强青少年思想道德建设，引导青少年树立和践行社会主义核心价值观，支持和帮助青少年成长成才，团结教育广大青少年听党话、跟党走。中国关工委在党的领导下积极组织、协调、指导、推动各地区、各部门关工委结合实际，创造性地开展工作。中国关工委积极配合党政有关部门和群团组织开展工作，在培养教育青少年工作中相互支持、通力合作，共同为青少年健康成长创造良好社会环境。

3. 居民委员会、村民委员会。根据《中华人民共和国城市居民委员会组织法》第二条、第四条的规定，居民委员会是居民自我管理、自我教育、自我服务的基层群众性自治组织。协助不设区的市、市辖区的人民政府或者它的派出机关开展工作。应当开展便民利民的社区服务活动，可以兴办有关的服务事业。根据《中华人民共和国村民委员会组织法》第二条、第九条的规定，村民委员会是村民自我管理、自我教育、自我服务的基层群众性自治组织，实行民主选举、民主决策、民主管理、民主监督。村民委员会应当宣传宪法、法律、法规和国家的政策，教育和推动村民履行法律规定的义务、爱护公共财产，维护村民的合法权益，发展文化教育，普及科技知识，促进男女平等。

二、结合自身工作，积极开展家庭教育工作，为家庭教育提供社会支持

工会、共产主义青年团、残疾人联合会、科学技术协会等群团组织、关心下一代工作委员会、基层群众性自治组织在家庭教育工作中居于有利的地位，他们的工作与家庭工作关系密切。本条规定，上述组织应当结合自身工作，积极开展家庭教育工作，为家庭教育提供社会支持。本法第三十八条、第四十八条还具体规定，居民委员会、村民委员会可以依托城乡社区公共服务设施，设立社区家长学校等家庭教育指导服务站点，配合家庭教育指导机构组织面向居民、村民的家庭教育知识宣传，为未成年人的父母或者其他监护人提供家庭教育指导服务。未成年人住所地的居民委员会、村民委员会等，发现父母或者其他监护人拒绝、怠于履行家庭教育责任，或者非法阻碍其他监护人实施家庭教育的，应当予以批评教育、劝诫制止，必要时督促其接受家庭教育指导。

《中华人民共和国未成年人保护法》第八十二条中也规定，各级人民政府鼓励和支持有关人民团体、企业事业单位、社会组织开展家庭教育指导服务。并从保护未成年人角度进一步规定，为未成年人提供职业技能培训服务，参与建设未成年人保护服务平台、服务热线、服务站点，提供未成年人保护方面的咨询、帮助，为未成年人的心理辅导、康复救助、监护及收养评估等提供专业服务，等等。

◆ **相关规定**

《中华人民共和国未成年人保护法》第八十二条、第八十五条、第九十七条、第九十九条

第十条 国家鼓励和支持企业事业单位、社会组织及个人依法开展公益性家庭教育服务活动。

◆ **条文主旨**

本条是关于国家鼓励和支持企业事业单位、社会组织及个人依法开展公益性家庭教育服务活动的规定。

◆ 立法背景

重视家庭教育是中华民族的传统美德，本法的立法目的之一就是，引导全社会注重家庭、家教、家风，增进家庭幸福与社会和谐。关心家庭教育、支持家庭教育、宣传家庭教育、服务家庭教育是全社会的共同责任。家庭教育事业的发展需要社会各方面的支持。企业事业单位、社会组织及个人，他们的工作与家庭也密切相关，连着千家万户，动员更加广泛的社会力量参与家庭教育服务，为更多有需要的家庭提供更多服务资源，为实施家庭教育助力赋能，从而更好形成家校社协同育人机制，促进未成年人健康成长和全面发展。为此，国家鼓励和支持他们依法开展公益性家庭教育服务活动。之所以突出公益性，是由社会法的性质所决定的。

◆ 条文解读

一、企业事业单位、社会组织

1. 企业事业单位。企业作为经济组织，是国民生产的主要部门，是经济发展的决定力量。事业单位，是指国家为了社会公益目的，由国家机关举办或者其他组织利用国有资产举办的，从事教育、科技、文化、卫生等活动的社会服务组织。教育、科技、文化、卫生、体育等事业单位承担着丰富人民精神文化生活、提高人民文化素质、保障人民身体健康、增强人民身体素质、推动社会科学进步、发展社会公益事业、推动社会全面进步的重要使命。企业事业单位与家庭关系密切相关，在家庭教育工作中起到着重要作用。

2. 社会组织。社会组织在不同国家和地区有多种不同的称谓，如非政府组织、非营利组织、公民组织、第三部门、独立部门、志愿者组织、慈善组织、免税组织等，它们在内涵上区别不大。与政府、企业相区别，社会组织具有非营利性、非政府性、独立性、志愿性、公益性等基本特征。我国的社会组织最初被称为“民间组织”。改革开放后，群众参与社会管理的积极性日益高涨，各种行业协会、商会、学会、基金会和志愿组织等民间组织纷纷成立。为加强对这些社会组织的管理，国务院陆续颁布了《社会团体登记管理条例》《民办非企业单位登记管理暂行条例》《基金会管理条例》等行政法规。2004 年，在十届全国人大二次会议上政府工作报告中，首次提出了“社会组织”这一表述。2006 年，党的十六届六中全会通过的《中共中央关于构建社会主义和谐社会若干重大问题的决定》，明确提出支持社会组织参与社会管理和公共服务等，社会组织正式成为国家治理体系的重要部分。党的十八届三中全会提出，正确处理政府和社会关系，加快实施政社分开，推进社会组织明确权责、依法自治、发挥作用。目前，我国通常将社会组织分为社会团体、基金会和社会服务机构三类。

二、依法开展公益性家庭教育服务活动的必要性

1. 家庭教育工作涉及千家万户，需要社会提供支持。本法明确规定未成年人的父母或者其他监护人承担对未成年人实施家庭教育的主体责任，同时规定，社会为家庭教育提供指导、支持和服务。《中共中央关于加强和改进党的群团工作的意见》也明确提出，支持群团组织加强服务群众和维护群众合法权益工作，要求群团组织盯牢群众所急、党政所需、群团所能的领域，重点帮助群众解决日常工作生活中最关心、最直接、最现实的利益问题和最困难、最操心、最忧虑的实际问题。鼓励和支持社会组织等依法开展公益性家庭教育服务活动，也是落实中央精神的需要。

2. 家庭教育促进法是社会法，国家鼓励和支持企业事业单位、社会组织及个人依法开展公益性家庭教育服务活动，这是由社会法的性质所决定的。社会法的特征之一是合理调整各种社会关系、利益关系，保护特殊群体的合法权益，使人民群众共享发展改革成果；加强兜底性制度建设，发挥社会政策的托底功能，保障人民群众基本生活需求。同时，在法制的框架内解决各种问题和矛盾，使社会成员既充分享有权利、行使权利，又切实履行义务、承担责任，确保社会既充满活力，又和谐稳定。

3. 应当充分利用企业事业单位、社会组织及个人自身资源，鼓励和支持其依法开展公益性家庭教育服务活动。未成年人的父母或者其他监护人承担对未成年人实施家庭教育的主体责任，也是家庭教育的主力。但家庭教育既是“家事”，也是“国事”，仅依靠家庭自身力量，资源较为有限，还应当积极鼓励和支持企业事业单位、社会组织及个人依法开展公益性家庭教育服务活动。一些法律也作出了规定，如：《中华人民共和国未成年人保护法》第八十条规定，各级人民政府应当将家庭教育指导服务纳入城乡公共服务体系，开展家庭教育知识宣传，鼓励和支持有关人民团体、企业事业单位、社会组织开展家庭教育指导服务。《中华人民共和国教育法》第五十条第三款规定，学校、教师可以对学生家长提供家庭教育指导。

综上，本法对国家鼓励和支持企业事业单位、社会组织及个人依法开展公益性家庭教育服务活动作出规定是非常必要的。这里所规定的“依法”是指依照法律，包括本法和有关的法律和行政法规。

三、公益性家庭教育服务活动

开展或者提供家庭教育服务是家庭教育工作的重要内容。根据本法规定，家庭教育服务可以由依法设立的家庭教育服务机构提供。需要注意的是，这里规定的是“公益性家庭教育服务活动”。

在规定提供家庭教育服务方面，本法特别强调“公益性”

“非营利性”。如本法第三十一条规定，家庭教育指导机构开展家庭教育指导服务活动，不得组织或者变相组织营利性教育培训。第三十六条规定，自然人、法人和非法人组织可以依法设立非营利性家庭教育服务机构。县级以上地方人民政府及有关部门可以采取政府补贴、奖励激励、购买服务等扶持措施，培育家庭教育服务机构。教育、民政、卫生健康、市场监督管理等有关部门应当在各自职责范围内，依法对家庭教育服务机构及从业人员进行指导和监督。第四十六条规定，图书馆、博物馆、文化馆、纪念馆、美术馆、科技馆、体育场馆、青少年宫、儿童活动中心等公共文化服务机构和爱国主义教育基地每年应当定期开展公益性家庭教育宣传、家庭教育指导服务和实践活动，开发家庭教育类公共文化服务产品。广播、电视、报刊、互联网等新闻媒体应当宣传正确的家庭教育知识，传播科学的家庭教育理念和方法，营造重视家庭教育的良好社会氛围。这些规定都凸显了法律对家庭教育服务公益性的导向作用，以及政府对非营利性家庭教育服务机构的扶持。企业事业单位、社会组织及个人可以根据本法的有关规定，通过依法设立非营利性家庭教育服务机构等方式，开展公益性家庭教育服务活动。

◆ **相关规定**

《中华人民共和国家庭教育促进法》第三十六条、第四十六条

第十一条 国家鼓励开展家庭教育研究，鼓励高等学校开设家庭教育专业课程，支持师范院校和有条件的高等学校加强家庭教育学科建设，培养家庭教育服务专业人才，开展家庭教育服务人员培训。

◆ **条文主旨**

本条是关于开展家庭教育研究、学科建设、人才培养和培训的规定。

◆ **立法背景**

家庭教育是父母或者其他监护人对未成年人实施的道德品质、身体素质、生活技能、文化修养、行为习惯等方面的培育、引导和影响，以促进未成年人全面健康成长。家庭教育关乎家庭家教家风建设，涉及理论和实践中许多问题，涵盖领域广泛，技术性、理论性都很强。随着时代发展和理论研究深入，科学的家庭教育理念和方式方法不断丰富，需要有专业化的人才队伍，为千千万万个家庭提供专业化的指导服务，加强家庭教育的研究和专业人才培养十分必要和紧迫。高等学校作为创新人才培养的摇篮、学科建设的主阵地、文化传承创新的枢纽和社会服务的窗口，应当积极探寻家庭教育的规律，传播家庭教育的科学理念，构建家庭教育学科知识体系。为此，本条以高等学校为重要依托，对家庭教育研究和人才培养等作出规定。

◆ **条文解读**

一、开展家庭教育研究

加强家庭教育科学研究对家庭教育工作长远发展具有重要意义。家庭教育工作的健康发展，离不开科学研究的支持。总体而言，与一些学科相比，当前我国家庭教育学科建设还处于起步阶段，家庭教育研究相对不足，没有形成科学、系统的家庭教育学科体系，在某种程度上制约着立法、政策的制定，制约着家庭教育具体工作的有效开展。为了能够更好地促进家庭教育工作，使家庭教育工作更有针对性，应当更加注重科学研究，应用科学的方法，加强家庭教育科学研究。用家庭教育的最新研究成果，指导家庭教育实践，培养家庭教育服务专业人才，开展家庭教育服务人员培训。因此，规定国家鼓励开展家庭教育研究是非常必要的。

二、高等学校开设家庭教育专业课程

《中华人民共和国高等教育法》第二十五条、第三十条、第三十二条中规定，高等学校应当具有较强的教学、科学研究力量，较高的教学、科学研究水平和相应规模。应当以培养人才为中心，开展教学、科学研究和社会服务，保证教育教学质量达到国家规定的标准。高等学校依法自主设置和调整学科、专业。学校教育是传授知识的主要渠道。我国目前从事家庭教育工作缺乏专业人才，要着力培养家庭教育服务专业人才，因此，有必要由高等院校设置相关专业，培养专门人才，以使家庭教育工作更专业。高等院校要制定跨学科人才培养方案，探索建立政治过硬、行业急需、能力突出的高层次复合型人才培养新机制。

为了加强家庭教育科学研究，培养家庭教育服务专业人才，开展家庭教育服务人员培训，本条进一步规定，国家鼓励高等学校开设家庭教育专业课程。高等院校应当充分发挥高校基础研究主力军作用，结合我国经济社会改革发展的实践，完善课程教育体系，开设家庭教育专业课程，将家庭教育纳入专业课程进行教学培训，让学生和受培训人员了解家庭教育有关专业知识。

三、师范院校和有条件的高等学校加强家庭教育学科建设

我国教师法规定，取得初级中学教师、初级职业学校文化、专业课教师资格，应当具备高等师范专科学校或者其他大学专科毕业及其以上学历；取得高级中学教师资格和中等专业学校、技工学校、职业高中文化课、专业课教师资格，应当具备高等师范院校本科或者其他大学本科毕业及其以上学历。培养家庭教育服务专业人才，开展家庭教育服务人员培训需要有相应的家庭教育学科教师。相关人员要取得相应的家庭教育学科教师资格，有关院校就要加强家庭教育学科建设。为此，本条明确规定，国家鼓励支持师范院校和有条件的高等学校加强家庭教育学科建设。学科建设要明确学术方向，回应社会需求，坚持人才培养、学术团队、科研创新“三位一体”，从我国经济社会改革发展的实践中，挖掘新材料、发现新问题、提出新观点、构建新理论；要遵循学科发展规律，增强问题意识、汇聚高水平人才队伍、搭建学科发展平台，推动学校教育的健康发展，培养一批高质量的师资队伍。

第十二条 国家鼓励和支持自然人、法人和非法人组织为家庭教育事业进行捐赠或者提供志愿服务，对符合条件的，依法给予税收优惠。

国家对在家庭教育工作中做出突出贡献的组织和个人，按照有关规定给予表彰、奖励。

◆ **条文主旨**

本条是关于捐赠、志愿服务、表彰、奖励等保障和激励措施的规定。

◆ **立法背景**

家庭教育需要社会各界的广泛支持，为家庭教育事业捐赠或者提供志愿服务是社会支持的重要方式之一。通过捐资或者提供志愿服务，有助于为家庭教育事业的开展汇聚更多力量、筹集更多资源。给予税收优惠是国家鼓励和支持家庭教育事业的重要措施及具体体现。表彰和奖励是激励社会各方参与的重要措施，通过表彰、奖励引导组织和个人按照法律规范办事，从而更好地发挥法律引领、引导作用。为此，本条对上述相关保障和激励措施专门作出规定。

◆ 条文解读

一、国家鼓励和支持社会力量为家庭教育事业提供支持

本法明确规定，国家和社会为家庭教育提供指导、支持和服务；县级以上人民政府应当制定家庭教育工作专项规划，将家庭教育指导服务纳入城乡公共服务体系和政府购买服务目录，将相关经费列入财政预算，鼓励和支持以政府购买服务的方式提供家庭教育指导。这一规定，体现了国家对家庭教育事业承担的应尽责任。同时，我国是世界上最大的发展中国家，发展不平衡不充分的一些突出问题尚未解决，仍面临人民日益增长的美好生活需要和不平衡不充分的发展之间的矛盾。解决发展不平衡不充分问题、缩小城乡区域发展差距、实现人的全面发展和全体人民共同富裕，仍然任重道远。完全由国家和各级政府财政承担家庭教育事业的全部费用，既不实际，又没有可能。家庭教育事业涉及方方面面，从我国的实际出发，本条规定国家鼓励和支持自然人、法人和非法人组织为家庭教育事业进行捐赠或者提供志愿服务是非常必要的，并对符合条件的，依法给予税收优惠。

根据公益事业捐赠法的规定，捐赠是指自然人、法人或者其他组织自愿无偿向依法成立的公益性社会团体和公益性非营利的事业单位捐赠财产，用于公益事业。国家鼓励自然人、法人或者其他组织对公益事业进行捐赠。根据这一规定，一般情况下，公益事业捐赠的受赠人只限于两种，即依法成立的公益性社会团体以及公益性非营利的事业单位。直接向个人捐赠、向非公益性的社会团体捐赠、向非公益性的或营利的事业单位捐赠不属于公益事业捐赠法规定的捐赠。

根据国务院公布的志愿服务条例的规定，志愿服务是指志愿者、志愿服务组织和其他组织自愿、无偿向社会或者他人提供的公益服务。开展志愿服务，应当遵循自愿、无偿、平等、诚信、合法的原则，不得违背社会公德、损害社会公共利益和他人合法权益，不得危害国家安全。志愿者是指以自己的时间、知识、技能、体力等从事志愿服务的自然人。志愿服务组织是指依法成立，以开展志愿服务为宗旨的非营利性组织。国家鼓励和支持国家机关、企业事业单位、人民团体、社会组织等成立志愿服务队伍开展专业志愿服务活动，鼓励和支持具备专业知识、技能的志愿者提供专业志愿服务。自然人、法人和非法人组织应当按照志愿服务条例的规定，为家庭教育事业提供志愿服务。

二、为家庭教育事业进行捐赠的依法给予税收优惠

给予税收优惠是体现国家鼓励和支持为家庭教育事业进行捐赠的重要具体措施。根据本条规定，国家对通过捐赠等方式为家庭教育事业提供支持的自然人、法人和非法人组织，只要符合条件的，依法给予税收优惠。公益事业捐赠法也规定，公司和其他企业依照本法的规定捐赠财产用于公益事业，依照法律、行政法规的规定享受企业所得税方面的优惠。自然人和个体工商户依照本法的规定捐赠财产用于公益事业，依照法律、行政法规的规定享受个人所得税方面的优惠。本条所说“符合条件的”是指符合法律、行政法规规定的条件。如慈善法规定，自然人、法人和其他组织捐赠财产用于慈善活动的，依法享受税收优惠。企业慈善捐赠支出超过法律规定的准予在计算企业所得税应纳税所得额时当年扣除的部分，允许结转以后三年内在计算应纳税所得额时扣除。企业所得税法规定，企业发生的公益性捐赠支出，在年度利润总额12%以内的部分，准予在计算应纳税所得额时扣除；超过年度利润总额12%的部分，准予结转以后三年内在计算应纳税所得额时扣除。个人所得税法规定，个人将其所得对教育、扶贫、济困等公益慈善事业进行捐赠，捐赠额未超过纳税人申报的应纳税所得额30%的部分，可以从其应纳税所得额中扣除；国务院规定对公益慈善事业捐赠实行全额税前扣除的，从其规定。等等。自然人、法人和非法人组织通过捐赠等方式为家庭教育事业提供支持，符合这些规定条件的，国家就给予税收优惠。

三、国家对在家庭教育工作中做出突出贡献的组织和个人给予表彰、奖励

（一）表彰、奖励的作用。通过表彰、奖励引导组织和个人按照法律规范去行为是发挥法律引领、引导作用的一个重要方面。它与处罚手段的运用正好相反。表彰、奖励是对模范遵守法律规范，积极履行法律义务行为的鼓励，处罚则是对违反法律规范的一种制裁。两者在法律实施中都是引导和规范组织和个人社会行为的重要手段。表彰、奖励手段的正确运用，对于提高法律实施的效果，减少制裁的负面作用具有重要意义。

为了鼓励有关组织和个人积极开展家庭教育工作，并在家庭教育工作中做出贡献，本条规定了表彰、奖励措施。这是一个激励性的规定，通过表彰等手段，可以引导有关组织和个人积极依法开展家庭教育工作，充分调动和激发其从事家庭教育工作的积极性，有助于提升法律实施的效果。通过实施表彰、奖励等手段：一是可以使做出突出贡献的组织和个人获得物质和荣誉方面的奖励，从而进一步调动其积极性、主动性，更好地在促进家庭教育事业发展方面发挥作用；二是表彰、奖励具有示范作用，可以进一步增强法律实施的社会效果。

（二）表彰、奖励的主体。根据本法规定，县级以上人民政府负责妇女儿童工作的机构，组织、协调、指导、督促有关部门做好家庭教育工作。教育行政部门、妇女联合会统筹协调社会资源，协同推进覆盖城乡的家庭教育指导服务体系建设，并按照职责分工承担家庭教育工作的日常事务。因此，实施表彰、奖励的主体具体来讲，可以是人民政府负责妇女儿童工作的机构，由其代表政府实施表彰、奖励。同时，有关的政府部门、社会团体或其他社会组织，如教育行政部门以及工会、共产主义青年团、妇女联合会、残疾人联合会、科学技术协会、关心下一代工作委员会等群团组织也可以根据实际情况，单独或者联合政府负责妇女儿童工作的机构实施表彰、奖励。

（三）表彰、奖励的对象。有关组织和个人应当在家庭教育工作中做出贡献，这是表彰、奖励的条件。此外，只有做出的贡献是突出的，才能给予表彰、奖励。这里规定的“突出贡献”，是指做出了明显高于一般、超越一般的成就，其行为可以作为正面榜样激励他人，能够产生较大的社会影响。

（四）表彰、奖励的方式。表彰，就是表扬并嘉奖，是对功绩、先进事迹等进行表扬。表彰主要是精神层面的，主要通过通报、证书等书面的形式进行表扬或者通过口头形式进行表扬，表彰有时也包含着奖励。表彰的形式，包括对受表彰的组织和个人授予光荣称号，颁发奖章、证书，以及对先进事迹进行宣传等。奖励一般给予一定的奖金、经费等。

在进行表彰、奖励工作时，需要注意把握一些原则，比如要依法表彰、奖励，实事求是；表彰奖励要与受奖行为相当；要精神鼓励与物质奖励相结合；评奖程序要民主、公开、公正、及时等。

第十三条 每年5月15日国际家庭日所在周为全国家庭教育宣传周。

◆ 条文主旨

本条是关于将国际家庭日所在周确定为全国家庭教育宣传周的规定。

◆ 立法背景

联合国对家庭相关议题越来越关注，通过了有关家庭在发展过程中的作用的决议，设立国际家庭年、国际家庭日，目的是提高对有关家庭问题的意识和加深对影响家庭的社会、经济和人口发展过程的了解。家庭教育是家庭议题中的重要内容。结合国际家庭日广泛开展家庭教育宣传，有利于提高公众对家庭教育问题的认识，有利于调动社会资源开展家庭教育工作，营造引导全社会注重家庭、家教、家风的良好氛围。

◆ 条文解读

一、联合国国际家庭日的由来

1. 国际日。国际日在联合国成立之前就已存在，联合国大会指定某个特定的日期为国际日，围绕特定主题或话题举办纪念活动。国际日的主题往往和联合国的主要行动领域有关，包括维持国际和平与安全、促进可持续发展、保护人权以及保障国际法或人道主义行动。联合国有关资料表示，国际日是提高公众对有关问题的认识、调动政治意愿和资源应对全球性问题以及庆祝和加强人类成就的机会。[①] 设立国际日的提议由会员国向大会提出，然

---

① 参见 https://www.un.org/zh/observances。访问时间：2021年12月10日。

后大会以协商一致的方式决定是否通过决议设立该国际日。如：每年的 3 月 21 日“国际森林日”、3 月 22 日“世界水日”、5 月 21 日“国际茶日”、6 月 5 日“世界环境日”、9 月 5 日“国际慈善日”等。某些国际日不是由大会而是由联合国专门机构宣布设立的，目的是提请公众关注该机构专业领域内的问题，如健康、航空和知识产权等。2010 年，联合国新闻部（现全球传播部）宣布启动联合国语言日。其中，新闻部将中文日定在 4 月 20 日，即农历二十四节气之“谷雨”，以纪念“中华文字始祖”仓颉造字的贡献。多年来，联合国中文日已经成为人们了解中国文化的一个窗口。

2. 国际家庭日。20 世纪 80 年代以来，联合国对家庭相关议题的关注与日俱增。1985 年 5 月 29 日联合国经济和社会理事会在其通过的第 1985/29 号决议中，要求联合国大会考虑将题为“家庭与发展过程”的项目列入第 41 届会议的临时议程。1989 年 12 月 9 日联合国大会在其通过的第 44/82 号决议中宣布，将 1994 年设立为国际家庭年。1993 年 9 月 20 日联合国大会通过第 47/237 号决议，决定从 1994 年开始，每年的 5 月 15 日将作为国际家庭日加以庆祝。

二、全国家庭教育宣传周

1. 一些地方设立家庭教育宣传周或者家庭教育日的情况。江苏（2019 年 3 月）、浙江（2019 年 9 月）、福建（2020 年 8 月）、安徽（2020 年 7 月）、湖北（2021 年 1 月）等地方分别出台了家庭教育促进条例，均在条例中规定，每年 5 月 15 日国际家庭日所在周为本省家庭教育宣传周。江西省家庭教育促进条例（2018 年 9 月）中规定，每年 5 月的第四周为本省的家庭教育宣传周。重庆市家庭教育促进条例（2016 年 5 月）中规定，每年 5 月第三周的星期一为本市家庭教育日。贵州省未成年人家庭教育促进条例

（2017 年 8 月）中规定，每年 5 月 15 日为全省家庭教育日。

2. 全国家庭教育宣传周。为了更好地宣传家庭教育，将每年 5 月 15 日国际家庭日所在周设立为全国家庭教育宣传周是必要的，一是地方已有实践基础，需要将地方的立法和有益经验上升为全国性法律。二是与联合国有关决议相衔接，有利于促进家庭教育这一领域的国际交流与合作。三是我国家庭教育存在的一些问题亟须通过宣传正确的家庭教育知识加以解决，如不少父母的育儿观念和价值取向存在问题，过于关注孩子学习，对孩子的心理健康发展和个性化满足未给予充分重视；家长普遍缺少有效的教育方法等问题。

有关部门、媒体等在注重日常宣传的同时，要充分利用家庭教育宣传周，运用多种方式，开展家庭教育宣传，普及正确家庭教育知识，使正确的家庭教育理念和科学的家庭教育知识深入人心，为家庭教育工作开展营造良好的社会氛围。

第二章 家庭责任

第十四条 父母或者其他监护人应当树立家庭是第一个课堂、家长是第一任老师的责任意识，承担对未成年人实施家庭教育的主体责任，用正确思想、方法和行为教育未成年人养成良好思想、品行和习惯。

共同生活的具有完全民事行为能力的其他家庭成员应当协助和配合未成年人的父母或者其他监护人实施家庭教育。

◆ 条文主旨

本条是关于父母或者其他监护人以及其他家庭成员责任的规定。

◆ 立法背景

根据宪法以及民法典、未成年人保护法等法律，教育孩子是父母或者其他监护人的法定职责。国家有关部门制定的家庭教育规划、家庭教育指导大纲以及家长教育行为规范等诸多文件都强调家长尽责，要进一步强化家长的监护主体责任，引导家长依法履行家庭教育职责。党的十八大以来，习近平总书记多次强调“家庭是人生的第一个课堂，父母是孩子的第一任老师”，要求注重家庭家教家风建设。实践中，一些父母或者其他监护人责任意识不强，怠于履行甚至逃避、拒绝家庭教育责任，生而不养、养而不教、教而不当，成为家庭教育领域的突出问题，引起社会广泛关注。为了强化家长的责任意识，本法在总则中明确未成年人的父母或者其他监护人负责实施家庭教育，并在第二章“家庭责任”中作出具体规定。本条进一步明确父母或者其他监护人的主体责任。同时结合我国隔代养育情况较多的具体国情，对共同生活的其他家庭成员的协助义务作出明确规定。

◆ **条文解读**

一、父母或者其他监护人的主体责任

家庭是家庭教育的主体，未成年人是家庭教育的重点，父母或者其他监护人承担对未成年人实施家庭教育的主体责任，依法享有教育未成年人的权利，承担教育未成年人的义务。1989 年《儿童权利公约》明确规定，“父母、或视具体情况而定的监护人对于儿童的养育和发展负有首要责任”。《中华人民共和国宪法》第四十九条规定，父母有抚养教育未成年子女的义务。《中华人民共和国民法典》第二十六条规定，父母对未成年子女负有抚养、教育和保护的义务。《中华人民共和国未成年人保护法》第十五条第一款规定，未成年人的父母或者其他监护人应当学习家庭教育知识，接受家庭教育指导，创造良好、和睦、文明的家庭环境。这些都明确规定了父母或者其他监护人的主体责任。

根据本条第一款的规定，父母或者其他监护人应当自觉树立“家庭是人生的第一个课堂，父母是孩子的第一任老师”的责任意识，了解监护人法定权利和义务，认识到自身负有首要的、不可推卸的责任，依法履行对未成年子女的监护职责和抚养教育义务。父母或者其他监护人应当树立正确的家庭教育观念，掌握科学的方法，提升科学实施家庭教育的能力，时时处处用正确行动、正确思想、正确方法教育引导未成年人。针对不同年龄段未成年人的身心发展规律和特点，开展理想信念、爱国主义、社会责任，道德修养、行为规范、文明礼仪，生命安全、身心健康、生活技能等方面的教育，引导未成年人养成优良品德、健全人格、劳动精神和良好行为的习惯。

二、共同生活的其他家庭成员的协助义务

在家庭内部，除了父母或者其他监护人外，共同生活的其他家庭成员对于开展家庭教育、树立良好家风、促进家庭建设也具有重要作用。家庭要倡导尊老爱幼、夫妻和睦、勤俭持家、亲子平等、邻里团结的家庭美德，创建民主、文明、和睦、稳定的家庭关系，需要家庭成员共同构建优秀家庭文化、传承良好家风，为未成年人健康成长营造和谐的家庭环境。因此，法律对于共同生活的其他家庭成员也规定了一定义务。《中华人民共和国未成年人保护法》第十五条第二款规定，共同生活的其他成年家庭成员应当协助未成年人的父母或者其他监护人抚养、教育和保护未成年人。本条第二款进一步明确，共同生活的具有完全民事行为能力的其他家庭成员应当协助和配合未成年人的父母或者其他监护人实施家庭教育。

按照本条第二款的规定，承担协助义务的其他家庭成员是与未成年人共同生活的。共同生活在一起，才有较多可能提供协助、产生较大影响。其一，实践中，我国许多家庭还是几代人共同生活，尤其是一些家庭中未成年人的父母工作忙，祖父母、外祖父母往往与未成年人生活在一起，帮助父母承担了许多抚养、教育的责任。但需要强调的是，其他家庭成员所承担的只是协助义务，未成年人的父母或者其他监护人不能以此为由，怠于履行自己的监护职责。抚养、教育未成年人的责任，主要还应当是由未成年人的父母或者其他监护人来承担。其二，承担协助义务的其他家庭成员具有完全民事行为能力。如果不具备完全民事行为能力，其自身尚且需要其他人提供帮助、照顾，不可能更不应要求其协助和配合父母或者其他监护人实施家庭教育。具备完全民事行为能力的其他家庭成员，包括成年家庭成员，也包括16周岁以上以自己的劳动收入为主要生活来源的未成年人，例如年长的兄姐等。其三，其他家庭成员承担的是协助和配合义务，也就是帮助父母或者其他监护人实施家庭教育的部分或者次要工作，而不是完全代替父母或者其他监护人。

◆ **相关规定**

《中华人民共和国宪法》第四十九条；《中华人民共和国民法典》第二十六条；《中华人民共和国未成年人保护法》第十五条

第十五条 未成年人的父母或者其他监护人及其他家庭成员应当注重家庭建设，培育积极健康的家庭文化，树立和传承优良家风，弘扬中华民族家庭美德，共同构建文明、和睦的家庭关系，为未成年人健康成长营造良好的家庭环境。

◆ **条文主旨**

本条是关于注重家庭建设的规定。

◆ **立法背景**

家长对未成年子女实施家庭教育，关键在于为子女成长营造良好家庭氛围，让未成年人子女在健康、和谐的家庭关系中健康成长。习近平总书记指出：“家庭是社会的基本细胞，是人生的第一所学校”。不论时代发生多大变化，不论生活格局发生多大变化，我们都要重视家庭建设，注重家庭、注重家教、注重家风，紧密结合培育和弘扬社会主义核心价值观，发扬光大中华民族传统家庭美德，促进家庭和睦，促进亲人相亲相爱，促进下一代健康成长，促进老年人老有所养，使千千万万个家庭成为国家发展、民族进步、社会和谐的重要基点。

◆ 条文解读

家庭教育法草案一审稿第二十一条规定：“未成年人的父母或者其他监护人及其他家庭成员应当共同构建民主、文明、和睦的家庭关系，培育积极健康的家庭文化，传承优良家风，弘扬中华民族传统家庭美德，为未成年人健康成长营造良好的家庭环境。”在后续审议过程中对该规定作了修改完善：一是将该条的位置前移作为第十五条，以体现家庭环境建设在家庭教育中的基础性作用；二是贯彻落实习近平总书记关于注重家庭家教家风建设的重要论述，增加了“注重家庭建设”的规定。三是有的意见提出，文明、和睦的家庭关系是比较常用的表述，民法典、未成年人保护法、反家庭暴力法等多部法律都使用了该表述，建议将“共同构建民主、文明、和睦的家庭关系”修改为“共同构建文明、和睦的家庭关系”，根据该意见作了修改。

一、家庭成员应当注重家庭建设

《全国家庭教育指导大纲》规定，家庭建设是家庭教育的重要保障。家庭要倡导尊老爱幼、夫妻和睦、勤俭持家、亲子平等、邻里团结的家庭美德，创建民主、文明、和睦、稳定的家庭关系。家庭成员要共同构建优秀家庭文化、传承良好家风，为儿童健康成长营造和谐的家庭环境。家长要学会优化家庭生活，为儿童提供健康向上、丰富多彩的活动。

本条规定未成年人的父母或者其他监护人及其他家庭成员在家庭建设方面的责任，包括父母或者其他监护人，也包括其他家庭成员。家庭环境对未成年人的成长至关重要，父母或者其他监护人是家庭教育的责任主体，应当加强家庭环境建设。与此同时，家庭环境的建设与所有家庭成员都有关系，需要共同努力和配合。本法第十四条第二款规定，共同生活的具有完全民事行为能力的其他家庭成员应当协助和配合未成年人的父母或者其他监护人实施家庭教育。第十五条规定的“其他家庭成员”比第十四条规定的“共同生活的具有完全民事行为能力的其他家庭成员”范围要宽，这是因为，无论自身是否具有直接实施家庭教育的能力，每一个家庭成员的言行都影响到家庭环境建设。

除了家庭成员加强家风建设，国家也注重对家庭建设的支持和保障。《中华人民共和国国民经济和社会发展第十四个五年规划和 2035 年远景目标纲要》对“家庭建设”作了规定，提出以建设文明家庭、实施科学家教、传承优良家风为重点，深入实施家家幸福安康工程。相关措施包括构建支持家庭发展的法律政策体系，加大反家庭暴力法实施力度，加强婚姻家庭辅导服务，预防和化解婚姻家庭矛盾纠纷。构建覆盖城乡的家庭教育指导服务体系，健全学校家庭社会协同育人机制。促进家庭服务多元化发展。充分发挥家庭家教家风在基层社会治理中的作用。

二、培育、传承家庭文化及家风

家庭文化是家庭成员的思想意识、价值观、知识水平、行为方式等主观因素以及家庭物质环境的总和。家庭教育就是家庭文化对孩子潜移默化的影响，是家长对孩子进行文化传递的过程，孩子正是通过成年人在家庭中营造的物质的、行为的、精神的氛围来继承、体现和传递家庭文化。培育积极健康的家庭文化即是对孩子一种无声的家庭教育，是实现家庭教育立德树人根本任务的重要基础。家风是一个家庭和家族传承下来的风气、风格和风尚。

本条规定，未成年人的父母或者其他监护人及其他家庭成员应当培育积极健康的家庭文化，树立和传承优良家风。《国家人口发展规划（2016—2030 年）》规定，加强婚姻家庭辅导，推进新型家庭文化建设，开展幸福家庭创建活动。《中国儿童发展纲要（2021—2030 年）》规定，用好家风培养熏陶儿童。发挥父母榜样和示范作用，教育引导儿童传承尊老爱幼、男女平等、夫妻和睦、勤俭持家、亲子平等、邻里团结的家庭美德，践行爱国爱家、相亲相爱、向上向善、共建共享的社会主义家庭文明新风尚。

未成年人的父母或者其他监护人及其他家庭成员既要传承好优良的家庭文化和家风传统，还应当与时俱进，根据新时代社会主义家庭建设的新要求，培育和树立家庭文化和家风，为未成年人健康成长提供源源不断的精神动力。

三、弘扬家庭美德，构建文明、和睦的家庭关系

中华民族历来重视家庭、重视亲情。中华民族的传统家庭美德，铭记在中国人的心灵中，融入中国人的血脉中，是支撑中华民族生生不息、薪火相传的重要精神力量，是家庭文明建设的宝贵精神财富。

家庭美德与社会公德、职业道德、个人品德是公民道德的重要内容。《新时代公民道德建设实施纲要》提出，要把社会公德、职业道德、家庭美德、个人品德建设作为着力点。推动践行以尊老爱幼、男女平等、夫妻和睦、勤俭持家、邻里互助为主要内容的家庭美德，鼓励人们在家庭里做一个好成员。要弘扬中华民族传统家庭美德，倡导现代家庭文明观念，推动形成爱国爱家、相亲相爱、向上向善、共建共享的社会主义家庭文明新风尚，让美德在家庭中生根、在亲情中升华。通过多种方式，引导广大家庭重言传、重身教，教知识、育品德，以身作则、耳濡目染，用正确道德观念塑造孩子美好心灵；自觉传承中华孝道，感念父母养育之恩、感念长辈关爱之情，养成孝敬父母、尊敬长辈的良好品质；倡导忠诚、责任、亲情、学习、公益的理念，让家庭成员相互影响、共同提高，在为家庭谋幸福、为他人送温暖、为社会做贡献过程中提高精神境界、培育文明风尚。

家庭关系是家庭成员之间依自身角色在共同生活中的人际互动或联系，是家庭成员之间一切社会关系的总和，包括夫妻关系、亲子关系、祖孙关系、兄弟姐妹关系等。家庭成员之间的良性互动蕴含着对下一代的抚养教育要素，会对家庭教育的实际效果产生深刻影响。文明、和睦的家庭关系表现在多个方面，例如夫妻互相忠实、尊重，家庭成员敬老爱幼、互相帮助，在处理问题时相互协商，拒绝家庭暴力等。《中华人民共和国民法典》第一千零四十三条规定，家庭应当树立优良家风，弘扬家庭美德，重视家庭文明建设。夫妻应当互相忠实，互相尊重，互相关爱；家庭成员应当敬老爱幼，互相帮助，维护平等、和睦、文明的婚姻家庭关系。第一千一百三十二条规定，继承人应当本着互谅互让、和睦团结的精神，协商处理继承问题。《中华人民共和国精神卫生法》第二十一条规定，家庭成员之间应当相互关爱，创造良好、和睦的家庭环境。《中华人民共和国反家庭暴力法》规定，维护平等、和睦、文明的家庭关系，是该法目的之一。

◆ **相关规定**

《中华人民共和国民法典》第一千零四十三条、第一千一百三十二条；《中华人民共和国反家庭暴力法》第一条；《中华人民共和国未成年人保护法》第十五条；《中华人民共和国精神卫生法》第二十一条

第十六条 未成年人的父母或者其他监护人应当针对不同年龄段未成年人的身心发展特点，以下列内容为指引，开展家庭教育：

（一）教育未成年人爱党、爱国、爱人民、爱集体、爱社会主义，树立维护国家统一的观念，铸牢中华民族共同体意识，培养家国情怀；

（二）教育未成年人崇德向善、尊老爱幼、热爱家庭、勤俭节约、团结互助、诚信友爱、遵纪守法，培养其良好社会公德、家庭美德、个人品德意识和法治意识；

（三）帮助未成年人树立正确的成才观，引导其培养广泛兴趣爱好、健康审美追求和良好学习习惯，增强科学探索精神、创新意识和能力；

（四）保证未成年人营养均衡、科学运动、睡眠充足、身心愉悦，引导其养成良好生活习惯和行为习惯，促进其身心健康发展；

（五）关注未成年人心理健康，教导其珍爱生命，对其进行交通出行、健康上网和防欺凌、防溺水、防诈骗、防拐卖、防性侵等方面的安全知识教育，帮助其掌握安全知识和技能，增强其自我保护的意识和能力；

（六）帮助未成年人树立正确的劳动观念，参加力所能及的劳动，提高生活自理能力和独立生活能力，养成吃苦耐劳的优秀品格和热爱劳动的良好习惯。

◆ 条文主旨

本条是关于家庭教育的内容的规定。

◆ 立法背景

教育主要分为家庭教育、学校教育和社会教育。社会教育主要是指社会环境对儿童成长的影响，例如我国未成年人保护法中社会保护的内容涉及社会教育。学校教育是学校根据国家相关教育制度和要求对学生进行的教育。家庭教育和学校教育、社会教育存在明显的区别，但也有一定范围的交叉。特别是家庭教育和学校教育在教育内容等方面存在许多重叠，实践中许多家庭实施家庭教育的内容有着明显的“偏科”，过于关注孩子学习，对孩子的道德教育、心理健康发展和个性化满足未给予充分重视。如何厘清家庭教育和学校教育的关系，是家庭教育促进法的重点和难点。本条对家庭教育内容作了规定，为家长开展家庭教育提供了内容方面的指引。

◆ 条文解读

一、本条规定家庭教育内容的主要思路

理论和实践中对家庭教育的内容有不同的认识。有的认为，家庭教育包括德、智、体、美、劳等方面的教育。有的认为，家庭教育除了德、智、体、美、劳之外，还包括情感教育和人生指导。有的从如何帮助儿童适应社会的角度界定家庭教育的内容，认为家庭教育包括社会性培育、个性养成教育和道德教育，其中社会性培育包括生活能力、生活习惯、语言能力、人际交往能力、信息素养的培养；个性养成教育包括气质、能力、性格培养；道德教育包括社会公德和爱情、婚姻家庭观念等私德教育。

一些地方性法规设有专门条款列举了家庭教育的内容，总结起来包括：中国特色社会主义理想信念、社会主义核心价值观、中华优秀传统文化、爱国主义、集体主义、社会公德、家庭美德、个人品德、生活常识、安全知识、科学知识、法律知识、劳动素

养、行为习惯、心理健康、生活技能、其他有益未成年人健康成长和全面发展的教育。

家庭教育法草案一审稿第十九条按照德、智、体、美、劳的逻辑，规定了家庭教育的主要内容，包括“（一）教育未成年人爱党、爱国、爱人民、爱社会主义，遵守社会公德，增强法律意识和社会责任感，树立维护国家统一和民族团结的观念，教育未成年人尊老爱幼、勤俭节约、团结互助，形成良好道德品质；（二）培养未成年人的良好学习习惯，提升其自主学习能力，激发其学习兴趣，理性帮助其确定成长目标；（三）促进未成年人身心健康发展，保证营养均衡，科学运动，睡眠充足，身心愉悦，帮助其保持良好生活习惯，增强其自我保护的意识和能力；（四）培养未成年人健康的审美情趣和审美能力，引导其树立健康的审美标准和审美追求，陶冶高尚情操，提升文明素质；（五）帮助未成年人树立正确的劳动观念，参加力所能及的劳动，提高生活自理能力，养成良好劳动习惯”。有的意见认为，该规定没有体现出家庭教育的特点，容易与学校教育相混淆，建议进一步修改完善，并就应当规定的内容提出了许多具体意见和建议。

在草案三审时，根据新时代对家庭教育的新要求，结合各方面意见对该条作了修改，从培养未成年人的家国情怀、道德和法治意识、科学探索精神及创新意识和能力、生活习惯和行为习惯、安全知识、劳动观念和能力等六个方面规定了家庭教育的主要内容，更加体现出家庭教育自身的特点，为家长实施家庭教育提供更加明确的指引。

二、培养中华民族共同体意识和家国情怀

习近平总书记指出：“中国人历来抱有家国情怀，崇尚天下为公、克己奉公，信奉天下兴亡、匹夫有责，强调和衷共济、风雨同舟，倡导守望相助、尊老爱幼，讲求自由和自律统一、权利和责任统一。并强调，要把爱家和爱国统一起来。”同时指出：“爱国，是人世间最深层、最持久的情感，是一个人立德之源、立功之本。”家庭的前途命运同国家和民族的前途命运紧密相连，广大家庭都要把爱家和爱国统一起来，把实现家庭梦融入民族梦之中。要在家庭中培育和践行社会主义核心价值观，引导家庭成员特别是下一代热爱党、热爱祖国、热爱人民、热爱中华民族。新时代中国青年要听党话、跟党走，胸怀忧国忧民之心、爱国爱民之情，不断奉献祖国、奉献人民，以一生的真情投入、一辈子的顽强奋斗来体现爱国主义情怀，让爱国主义的伟大旗帜始终在心中高高飘扬。

进行爱党、爱国、爱人民、爱集体、爱社会主义的教育，是国家、家庭和社会的重要使命和任务。许多法律都有相关规定。例如，《中华人民共和国宪法》第二十四条规定，国家倡导社会主义核心价值观，提倡爱祖国、爱人民、爱劳动、爱科学、爱社会主义的公德，在人民中进行爱国主义、集体主义和国际主义、共产主义的教育，进行辩证唯物主义和历史唯物主义的教育，反对资本主义的、封建主义的和其他的腐朽思想。《中华人民共和国教育法》第六条，国家在受教育者中进行爱国主义、集体主义、中国特色社会主义的教育，进行理想、道德、纪律、法治、国防和民族团结的教育。《中华人民共和国未成年人保护法》第五条规定，国家、社会、学校和家庭应当对未成年人加强爱国主义、集体主义和中国特色社会主义的教育，培养爱祖国、爱人民、爱劳动、爱科学、爱社会主义的公德。

习近平总书记指出：“铸牢中华民族共同体意识，就是要引导各族人民牢固树立休戚与共、荣辱与共、生死与共、命运与共的共同体理念。”这是维护各民族根本利益的必然要求，实现中华民族伟大复兴的必然要求。维护国家统一和全国各民族团结也是每一个公民应尽的责任。宪法规定，中华人民共和国各民族一律平等。国家保障各少数民族的合法的权利和利益，维护和发展各民族的平等团结互助和谐关系。禁止对任何民族的歧视和压迫，禁止破坏民族团结和制造民族分裂的行为。中华人民共和国公民有维护国家统一和全国各民族团结的义务。因此，本条将教育未成年人树立维护国家统一的观念，铸牢中华民族共同体意识，作为家庭教育的重要内容和任务。

三、培养良好社会公德、家庭美德、个人品德意识和法治意识

习近平总书记指出："尊老爱幼、妻贤夫安，母慈子孝、兄友弟恭，耕读传家、勤俭持家，知书达礼、遵纪守法，家和万事兴等中华民族传统家庭美德，铭记在中国人的心灵中，融入中国人的血脉中，是支撑中华民族生生不息、薪火相传的重要精神力量，是家庭文明建设的宝贵精神财富。"

家庭教育应当教育未成年人崇德向善、尊老爱幼、热爱家庭、勤俭节约、团结互助、诚信友爱、遵纪守法，培养其良好社会公德、家庭美德、个人品德意识和法治意识。

《新时代公民道德建设实施纲要》对社会公德、家庭美德、个人品德等作了阐述，提出推动践行以文明礼貌、助人为乐、爱护公物、保护环境、遵纪守法为主要内容的社会公德，鼓励人们在社会上做一个好公民；推动践行以爱岗敬业、诚实守信、办事公道、热情服务、奉献社会为主要内容的职业道德，鼓励人们在工作中做一个好建设者；推动践行以尊老爱幼、男女平等、夫妻和睦、勤俭持家、邻里互助为主要内容的家庭美德，鼓励人们在家庭里做一个好成员；推动践行以爱国奉献、明礼遵规、勤劳善良、宽厚正直、自强自律为主要内容的个人品德，鼓励人们在日常生活中养成好品行。

法治教育也是家庭教育不可或缺的内容。《中共中央关于全面推进依法治国若干重大问题的决定》中指出，要增强全社会学法尊法守法用法意识，使法律为人民所掌握、所遵守、所运用。要推动全社会树立法治意识。坚持把全民普法和守法作为依法治国的长期基础性工作，深入开展法治宣传教育，引导全民自觉守法，把法治教育纳入国民教育体系，从青少年抓起，在中小学设立法治知识课程。家庭教育中也应当重视法治意识，帮助未成年人从小牢固树立法治意识。父母或者其他监护人应当加强法律知识学习，正确理解自由、平等、公正、法治的内在含义及其要求，成为儿童尊法、学法、守法、用法的榜样；掌握家庭法治教育的内容和方法，引导儿童树立权利与义务相统一的观念，养成尊法守法的行为习惯，学会在法律和规则框架内实现个人的自由意志；与儿童建立民主、平等的关系，切实维护儿童权益。

四、培养科学探索精神和创新意识

家长应当帮助未成年人树立正确的成才观，引导其培养广泛兴趣爱好、健康审美追求和良好学习习惯，增强科学探索精神、创新意识和能力。该规定是在三审时根据审议意见增加和完善的内容。一方面将一审稿中规定的审美、学习等内容进行概括规定；另一方面增加规定关于探索精神、创新意识和能力的内容。

在家庭教育中，家长应注重儿童学习兴趣的培养，保护和开发儿童的好奇心，鼓励儿童的探索行为。例如，引导儿童形成按时独立完成任务、及时总结、不懂善问的习惯；家长和子女都要正确对待学习成绩，设置合理期望，不盲目攀比，用全面和发展的眼光看待学习等问题，增强未成年子女的学习信心，通过学习增强科学探索精神、创新意识和能力。

需要注意的是，该规定虽然与学校教育的智育、美育以及科学知识教育有一定交叉，但侧重点不同。家庭开展这方面的教育，主要是从思维和习惯的养成角度，为未成年人创造良好学习氛围，激发其学习兴趣、开阔其眼界，帮助其养成良好的学习习惯，不是要求家长承担起学校教育的任务。

五、培养良好学习习惯和行为习惯

家庭教育应当保证未成年人营养均衡、科学运动、睡眠充足、身心愉悦，引导其养成良好生活习惯和行为习惯，促进其身心健康发展。

联合国《儿童权利公约》规定，儿童有权享有休息和闲暇，从事与儿童年龄相宜的游戏和娱乐活动，以及自由参加文化生活和艺术活动，应尊重并促进儿童充分参加文化生活和艺术活动。未成年人处于身心发育的关键时期，需要保障充足的休息和睡眠时间，睡眠不足，还会严重影响未成年人的学习、生活和心理健康。未成年人享有娱乐权，父母或者其他监护人应当给予未成年人充足的娱乐时间并对娱乐活动进行积极的引导。体育锻炼是提高未成年人健康素质的有效途径，对未成年人思想品德、智力发育、审美素养和健康生活方式的形成具有不可替代的作用。

现实生活中，有的家长基于“望子成龙”“望女成凤”的观念，给子女安排过多的学习项目和任务，挤占未成年人合理的休息、娱乐和体育锻炼时间，损害未成年人身心健康。因此，家长要树立正确的教育观念，掌握科学的教育方法，尊重子女的健康情趣，培养子女的良好习惯和健康的兴趣爱好。加强与学校的沟通配合，共同减轻学生课业负担，促进未成年人生动活泼学习、健康快乐成长，丰富未成年人课外及校外活动，给未成年人留下了解社会、深入思考、动手实践、健身娱乐的时间。

六、培养自我保护意识和能力

家长应当关注未成年人心理健康，教导其珍爱生命，对其进行交通出行、健康上网和防欺凌、防溺水、防诈骗、防拐卖、防性侵等方面的安全知识教育，帮助其掌握安全知识和技能，增强其自我保护的意识和能力。

现实生活中存在重视为孩子提供良好的物质条件，而忽视孩子精神需求的情况，容易导致未成年人出现心理问题，影响其心理健康。因此，本法强调家庭教育应当关心、关注未成年人的心理健康。家长应当学习和掌握未成年人心理健康相关知识，并在日常生活中积极与未成年人进行沟通，培养未成年人应对挫折、适应环境的能力和坚毅品格，引导未成年人以合理的方式宣泄情绪，积极调控心理。

生命教育是未成年人教育中的重要内容，2020 年修改的未成年人保护法、预防未成年人犯罪法都对学校对未成年学生开展生命教育作了相关规定。家庭教育促进法规定了家庭教育中进行珍爱生命的教育，有利于更好地保护未成年人健康成长。家长应当教导未成年人珍爱生命，让孩子认识生命、尊重生命、珍爱生命，关心自己和家人，树立正确的生活目标，远离危害生命健康的行为。

父母或者其他监护人对未成年人进行安全教育，培养其安全意识，掌握必要的安全知识和技能，对于最大限度地预防安全事故发生和减少安全事件对未成年人造成的伤害，保障未成年人健康成长具有重要意义。《中华人民共和国未成年人保护法》第十六条规定，未成年人的父母或者其他监护人应当对未成年人进行安全教育，提高未成年人的自我保护意识和能力。第十八条规定：“未成年人的父母或者其他监护人应当为未成年人提供安全的家庭生活环境，及时排除引发触电、烫伤、跌落等伤害的安全隐患；采取配备儿童安全座椅、教育未成年人遵守交通规则等措施，防止未成年人受到交通事故的伤害；提高户外安全保护意识，避免未成年人发生溺水、动物伤害等事故。”在此基础上，家庭教育促进法规定，监护人应当对未成年人进行交通出行、健康上网和防欺凌、防溺水、防诈骗、防拐卖、防性侵等方面的安全知识教育。

七、培养热爱劳动的观念

勤劳是中华民族的传统美德，劳动教育是中国特色社会主义教育制度的重要内容，直接决定社会主义建设者和接班人的劳动精神面貌、劳动价值取向和劳动技能水平。

习近平总书记高度重视劳动教育在立德树人中的重要作用，强调“要在学生中弘扬劳动精神，教育引导学生崇尚劳动、尊重劳动，懂得劳动最光荣、劳动最崇高、劳动最伟大、劳动最美丽的道理，长大后能够辛勤劳动、诚实劳动、创造性劳动”。

通过劳动教育，可以使未成年人体会劳动创造美好生活，体认劳动不分贵贱，热爱劳动，尊重普通劳动者，培养勤俭、奋斗、创新、奉献的劳动精神；具备满足生存发展需要的基本劳动能力，形成良好劳动习惯。2020 年中共中央、国务院出台《关于全面加强新时代大中小学劳动教育的意见》，提出要把劳动教育纳入人才培养全过程，贯通大中小学各学段，贯穿家庭、学校、社会各方面。家庭劳动教育要日常化，学校劳动教育要规范化，社会劳动教育要多样化，形成协同育人格局。强调家庭要发挥在劳动教育中的基础作用。注重抓住衣食住行等日常生活中的劳动实践机会，鼓励孩子自觉参与、自己动手，随时随地、坚持不懈地进行劳动，掌握洗衣做饭等必要的家务劳动技能，每年有针对性地学会 1 项至 2 项生活技能。学生参加家务劳动和掌握生活技能的情况要按年度记入学生综合素质档案。鼓励孩子利用节假日参加各种社会劳动。家庭要树立崇尚劳动的良好家风，家长要通过日常生活的言传身教、潜移默化，让孩子养成从小爱劳动的好习惯。

本条专门将劳动教育作为一项重要内容，规定家长帮助未成年人树立正确的劳动观念，参加力所能及的劳动，提高生活自理能力和独立生活能力，养成吃苦耐劳的优秀品格和热爱劳动的良好习惯。家长可以给未成年人设置一定的家务劳动任务，教授其一定的劳动技能，培养劳动热情，帮助其养成劳动创造价值、珍惜劳动成果的观念。

◆ **相关规定**

《中华人民共和国宪法》第二十四条；《中华人民共和国教育法》第六条；《中华人民共和国未成年人保护法》第五条、第十六条、第十八条

第十七条 未成年人的父母或者其他监护人实施家庭教育，应当关注未成年人的生理、心理、智力发展状况，尊重其参与相关家庭事务和发表意见的权利，合理运用以下方式方法：

（一）亲自养育，加强亲子陪伴；

（二）共同参与，发挥父母双方的作用；

（三）相机而教，寓教于日常生活之中；

（四）潜移默化，言传与身教相结合；

（五）严慈相济，关心爱护与严格要求并重；

（六）尊重差异，根据年龄和个性特点进行科学引导；

（七）平等交流，予以尊重、理解和鼓励；

（八）相互促进，父母与子女共同成长；

（九）其他有益于未成年人全面发展、健康成长的方式方法。

◆ **条文主旨**

本条是关于家庭教育方式方法的规定。

◆ **立法背景**

用什么样的方式方法实施家庭教育，是家庭教育的关键问题。

现实生活中，各个家庭情况不同，家庭教育的方式方法也有差异。有的家长由于缺乏科学的家庭教育理念和知识，甚至使用不利于未成年人健康成长的方式方法实施家庭教育。本条对家庭教育方式方法作出规定，为科学实施家庭教育提供指引。

◆ 条文解读

一、亲自养育，加强亲子陪伴

父母是保护未成年人的第一责任人，对未成年人的健康成长具有不可替代的重要作用。《中华人民共和国宪法》第四十九条规定，父母有抚养教育未成年子女的义务。《中华人民共和国民法典》第二十六条规定，父母对未成年子女负有抚养、教育和保护的义务。通常情况下，父母或者其他监护人应当亲自养育未成年子女或者被监护人。加强亲子陪伴可以更好地了解未成年子女身心状况、培养良好的亲子感情关系，对未成年人的人格养成、身心健康成长发挥着关键作用。现实生活中，由于工作繁忙等多种原因，有的家长疏于对子女的陪伴，将孩子交由祖父母、外祖父母等老年人抚养照顾，有的过多用电子产品代替家长陪伴，给子女成长造成一些负面影响，这些问题应当引起重视。

亲自养育，加强亲子陪伴，需要家长充分认识到亲子陪伴对儿童成长的重要性，积极创造条件，多陪伴子女生活、学习，及时关注未成年人的身心状况和个人情绪，并采取有针对性的方法给予关心和支持，让孩子充分感受到父母、家人和家庭的关爱和温暖，在这种氛围中形成健康的人格。

需要注意的是，在现实生活中，有的家长因为外出务工等客观原因或困难，没有较多的时间或良好的条件陪伴孩子。一方面，家长需要尽可能采取一些办法加强和子女的联系。《中华人民共和国未成年人保护法》第二十三条规定，未成年人的父母或者其他监护人委托他人照护未成年人的，应当与未成年人、被委托人至少每周联系和交流一次，了解未成年人的生活、学习、心理等情况，并给予未成年人亲情关爱。另一方面，需要国家、社会等各方面给予关心和帮助。未成年人保护法对此也作了规定。本法第三十条也专门规定了加强对留守未成年人和困境未成年人家庭支持的措施。

二、共同参与，发挥父母双方的作用

父亲或母亲对子女的成长都发挥着关键作用，实施家庭教育需要父母共同参与，充分发挥父母双方的作用。我国历史上关于父母实施家庭教育都有经典的表述和故事。例如，关于父亲实施家庭教育的角色，三字经提到“养不教，父之过”，关于母亲对子女的教育，有“孟母三迁”“岳母刺字”等典故，这些都对我国家庭教育文化产生了深远影响。

家庭教育中应发挥父母双方的作用，一是无论父母在家庭中的分工和角色有什么差异，都应当重视和参与对子女的教育，不能将家庭教育的任务完全交给另一方，这是作为父母的义务和责任，也有利于子女的健康成长。二是父母双方在对子女进行家庭教育时，应当进行充分沟通，形成相对一致的理念、原则、方式方法等，各个家长之间的态度要统一，尽可能避免在双方之间产生不必要的冲突，对子女的教育不能朝令夕改，否则不但不利于对子女进行家庭教育，还可能产生其他矛盾。三是可以根据双方的特点，进行合理适当的分工，在各自承担的任务方面适当有所侧重，提高家庭教育的质量。

三、相机而教，寓教于日常生活之中

习近平总书记指出，家长要善于从点滴小事中教会孩子欣赏真善美、远离假丑恶。要注意观察孩子的思想动态和行为变化，随时做好教育引导工作。

生活处处是学问，相机而教就是要通过多种机会对子女进行教育，开展家庭教育不仅是专门对未成年人进行道德、法治等知识的传授，更多的是在日常生活中利用相关活动，让未成年人去感受相关为人处世的道理，让子女的素养在日常生活之中得到提高。家长应当让子女参加社会实践活动，践行好的品行和习惯；通过让子女独立解决一些难题或克服一些困难，锻炼子女的意志和能力；通过带领未成年人参加升国旗、唱国歌等仪式，观看影视文化作品、游览风景名胜、参观博物馆等，培育儿童爱党、爱祖国的感情；通过和子女参加旅游等活动，让未成年人感受大自然，增强热爱生活、珍爱生命的意识和理念；通过鼓励子女参加志愿服务活动、体育运动等，培养孩子的社会公德意识；在日常交通出行、使用网络等过程中，和孩子交流安全知识，增强其安全意识和安全技能等。

四、潜移默化，言传与身教相结合

习近平总书记指出："广大家庭都要重言传、重身教，教知识、育品德，身体力行、耳濡目染，帮助孩子扣好人生的第一粒扣子，迈好人生的第一个台阶。"家长要时时处处给孩子做榜样，用正确行动、正确思想、正确方法教育引导孩子。

家庭教育应当坚持言传与身教相结合。一方面，家长应当通过言传的方式告知子女为人处世的道理，通过摆事实、讲道理的方式，帮助子女明白事理、提高思想觉悟，这是家庭教育的基本方式。另一方面，家长对子女不但要"言传"，还要"身教"。家长自己要言行一致、身体力行，教育子女的道理，自己要践行好，才能让子女真正接受和信服。如果父母自己做不到，甚至在行为上与自己教育子女的内容相背离，就会让子女对相关道理的正确性产生疑问，不但不接受，甚至还反过来模仿父母不好的行为。例如，夫妻之间实施家庭暴力，也可能让子女产生暴力倾向，更谈不上培育其热爱家庭。父母经常对子女或他人撒谎，子女也很难养成诚信友爱的品行。父母如果沉迷于网络游戏，子女也很难养成良好的使用网络的习惯。因此，家庭教育的成功，需要父母注重言传身教，在日常生活言谈举止上以身作则，为子女树立良好的榜样，起到示范作用，对子女进行潜移默化的影响。

五、严慈相济，关心爱护与严格要求并重

我国家庭教育传统上一般是严父慈母模式，严、慈也分别是传统上对父亲、母亲的尊称或省称。本条规定在家庭教育中坚持严慈相济，是指对未成年人实施家庭教育应当坚持关心爱护与严格要求并重。这也是我国传统家庭教育的重要方式，例如，《颜氏家训》就强调，父母威严并且慈爱，那么子女就敬畏且孝顺。

未成年人自身的生理、心理特点决定了其需要国家、社会特别是父母或其他监护人给予关心爱护，从而确保和促进未成年人健康成长。这种关心爱护是全面的，民法典、未成年人保护法等法律中对于保护未成年人作了详细规定，强调保护未成年人应当坚持最有利于未成年人的原则，对未成年人给予特殊、优先的保护。家长履行监护义务、实施家庭教育，也应当关爱未成年人，包括为其提供良好的家庭环境、尊重其人格尊严、保护其隐私权和个人信息、保障其财产权利、听取未成年人的意见等。

实施家庭教育，要从子女的长远利益出发培养子女，对未成年人理性施爱、严格要求，不能一味迁就、溺爱、纵容，要对子女的错误行为给予适当的批评惩罚，促使其认识和改正错误。严格要求未成年人有两方面的作用：一是有利于督促其养成良好的品德和习惯。二是避免其出现不好的行为，对于有不良行为或严重不良行为的未成年人应当及时采取介入、干预措施。当然，严格要求也需要把握好度，对于未成年人不能苛求或苛责，不能设置过高的期望，不能使用家庭暴力等手段。

六、尊重差异，照顾不同年龄的个性特点

每一个未成年人都有不同的性格、兴趣等，同一人在不同的成长阶段的身心发展状况也有所区别。家长应当处理好全面发展与发展特长的关系，根据子女的个性因材施教，尊重不同未成年人以及未成年人在不同年龄段的差异，采取适当的方式方法开展有针对性的家庭教育，量力而行、循序渐进，按照科学规律进行家庭教育。

一是根据未成年人不同年龄段的身心特点，开展家庭教育。家庭教育的内容比较丰富，未成年人的成长和发展既有连续性又有阶段性，家庭教育指导服务应依据未成年人在不同发展阶段的特点开展。《全国家庭教育指导大纲》详细划分了未成年人成长和发展各阶段家庭教育的重点内容，包括新婚期及孕期，0—3 岁儿童，3—6 岁儿童，6—12 岁儿童，12—15 岁儿童，15—18 岁儿童的家庭教育重点内容。

二是结合自己家庭及子女的特点，做好家庭教育。例如，家长应当正确认识孩子成长的规律，尊重孩子个体差异和天性，尊重每个孩子自身的发展节奏和特点，理性设置对孩子的期望值，不能把不切实际的愿望强加到子女身上，在教育过程中不能操之过急、揠苗助长，应当鼓励孩子尽展其才，促进儿童自然、全面、充分、个性发展，避免盲目攀比。

七、平等交流，予以尊重、理解和鼓励

儿童是独立的权利主体，有生命权、健康权和获得基本生活保障的权利，有充分发展其全部体能与智能的权利；有享有国家、社会、学校、家庭保护，不受歧视、虐待和忽视的权利；有参与家庭和社会生活并就影响他们生活的事项发表意见的权利。实施家庭教育要尊重和保护儿童的各项权利。

《中华人民共和国民法典》第三十五条规定，未成年人的监护

人在作出与被监护人利益有关的决定时，应当根据被监护人的年龄和智力状况，尊重被监护人的真实意愿。成年人的监护人履行监护职责，应当最大限度地尊重被监护人的真实意愿，保障并协助被监护人实施与其智力、精神健康状况相适应的民事法律行为。对被监护人有能力独立处理的事务，监护人不得干涉。《中华人民共和国未成年人保护法》第四条规定，保护未成年人，应当坚持最有利于未成年人的原则。处理涉及未成年人事项，应当尊重未成年人人格尊严，听取未成年人的意见。第十九条规定，未成年人的父母或者其他监护人应当根据未成年人的年龄和智力发展状况，在作出与未成年人权益有关的决定前，听取未成年人的意见，充分考虑其真实意愿。第二十四条规定，未成年人的父母离婚时，应当妥善处理未成年子女的抚养、教育、探望、财产等事宜，听取有表达意愿能力未成年人的意见。

家长应当与未成年人平等相处，与子女平等、开放地讨论家庭事务等，理解未成年人的自主愿望，保护儿童隐私权，倾听儿童的意见和感受，尊重、欣赏、认同和分享儿童的想法，运用民主、宽容的语言和态度对待儿童，对子女好的表现给予及时、实事求是的表扬，促进良性亲子沟通。

八、相互促进、共同成长

家长对子女进行家庭教育的过程，也是与子女共同成长的过程。一方面，为了做好家庭教育，家长需要学习家庭教育知识，掌握家庭教育的科学理念和方法，不断更新家庭教育观念，以端正的育儿观、成才观、成人观引导孩子逐渐形成正确的世界观、人生观、价值观。另一方面，家庭教育需要言传身教、潜移默化，家长需要不断提高自身素质，努力做到举止文明、生活健康、敬业进取、言行一致、好学善思，以健康的思想、良好的品行教育影响儿童，在这个过程中家长也提高了自身的素质。

九、其他方式方法

本条规定的方式方法，是各方面普遍认同的一些典型的方式方法，除此之外，还有其他有益于未成年人全面发展、健康成长的方式方法，可以在家庭教育中合理运用。

本条规定的方式方法为家庭教育提供了指引，各个家庭情况不同，家长、未成年人所处的环境和相互之间的关系也有差异，父母或者其他监护人实施家庭教育，应当关注未成年人的生理、心理、智力发展状况，尊重其参与相关家庭事务和发表意见的权利，和未成年人进行有效沟通，根据具体情况合理运用有关的方式方法，营造良好的家庭教育环境，促进未成年人身心健康发展。

◆ **相关规定**

《中华人民共和国民法典》第三十五条；《中华人民共和国未成年人保护法》第四条、第十九条、第二十三条、第二十四条

第十八条 未成年人的父母或者其他监护人应当树立正确的家庭教育理念，自觉学习家庭教育知识，在孕期和未成年人进入婴幼儿照护服务机构、幼儿园、中小学校等重要时段进行有针对性的学习，掌握科学的家庭教育方法，提高家庭教育的能力。

◆ **条文主旨**

本条是关于监护人学习家庭教育知识的规定。

◆ **立法背景**

未成年人的父母或者其他监护人树立正确的家庭教育理念，掌握科学的家庭教育知识，是高质量实施家庭教育的基础和保证。

有的家长虽然重视家庭教育，但缺乏正确的理念和知识，用不正确、不科学的理念和方式方法实施家庭教育，不但无法起到积极效果，还可能对未成年人造成不利影响。本条专门对监护人学习家庭教育知识作了规定，并强调在一些重要时段要加强有针对性的学习。

◆ **条文解读**

一、监护人学习家庭教育知识

家庭教育内容涉及个人生活、学习等社会活动的各个方面，家庭教育方式方法也是因家庭和个人而异，家庭教育是一个长期的、不容松懈的过程，只有在科学理念的指导下，运用正确的方式方法，才能做好家庭教育。对于如何实施家庭教育，大多数监护人通常没有经过专业学习和培训，因此需要不断去学习，提高自身实施家庭教育的能力。

家长可以通过多种渠道和方式学习家庭教育知识，包括学习家庭教育促进法、未成年人保护法、《全国家庭教育指导大纲》、《家长家庭教育基本行为规范》中关于家庭教育的理念、内容、方式方法等的规定；参加家庭教育指导服务机构、家长学校组织提供的家庭教育课程、家庭教育讲座以及家庭教育实践活动；通过广播、电视、网络等渠道，学习家庭教育知识；通过相关家庭教育教材等学习家庭教育知识等。

二、在重要时段进行有针对性的学习

家庭教育学习存在于未成年人成长的各个阶段，在一些重要的时间节点，尤其要加强对家庭教育知识的学习。

一是在孕期学习相关知识。根据《全国家庭教育指导大纲》的规定，孕妇需要掌握优生优育知识，配合医院进行孕期筛查和产前诊断；避免有毒有害等物质和因素的影响；科学增加营养，合理作息，适度运动，进行心理调适，促进胎儿健康发育；做好产前医学健康咨询及诊断；做好情绪调节，统一家庭教育观念，营造安全、温馨的家庭环境。

二是在未成年人进入婴幼儿照护服务机构、幼儿园、中小学校的时段，加强有关家庭教育知识的学习，做好家庭教育。例如，在进入幼儿园前，要有意识地培养儿童一定的生活自理能力及对简单规则的理解能力，进入幼儿园后，家长要与幼儿园教师积极沟通，共同帮助儿童适应入托环境，平稳度过入园分离焦虑期。在进入小学前，重视儿童幼儿园与小学过渡期的衔接适应，充分尊重和保护儿童的好奇心和学习兴趣；帮助儿童形成良好的任务意识、规则意识、时间观念，学会控制情绪，正确表达自己的主张；逐步培育儿童通过沟通解决同伴问题的意识和能力。

第十九条 未成年人的父母或者其他监护人应当与中小学校、幼儿园、婴幼儿照护服务机构、社区密切配合，积极参加其提供的公益性家庭教育指导和实践活动，共同促进未成年人健康成长。

◆ 条文主旨

本条是关于家长与学校、社区等相互配合的规定。

◆ 立法背景

家长实施家庭教育，需要通过相关机构的指导获取家庭教育知识，提高自身家庭教育能力。实践中，学校、幼儿园、婴幼儿照护服务机构、社区常开展公益性家庭教育指导和实践活动，本条规定家长应当参加这些活动，有利于利用社会力量推动家庭教育工作，为家庭教育提供更多专业支持。

◆ 条文解读

一、家长与学校、社区等的配合

对未成年人的教育和保护是一个系统工程，需要家庭、学校、社会、国家等各方面共同努力、相互配合。家庭教育、学校教育、社会教育虽然存在区别，但也存在紧密联系：

一是在教育目的上，都是为了促进未成年人健康成长、培养德智体美劳全面发展的社会主义建设者和接班人。本法第一条将培养德智体美劳全面发展的社会主义建设者和接班人作为立法目的之一。《中华人民共和国未成年人保护法》第一条规定："为了保护未成年人身心健康，保障未成年人合法权益，促进未成年人德智体美劳全面发展，培养有理想、有道德、有文化、有纪律的社会主义建设者和接班人，培养担当民族复兴大任的时代新人，根据宪法，制定本法。"《中华人民共和国义务教育法》第三条规定："义务教育必须贯彻国家的教育方针，实施素质教育，提高教育质量，使适龄儿童、少年在品德、智力、体质等方面全面发展，为培养有理想、有道德、有文化、有纪律的社会主义建设者和接班人奠定基础。"

二是在教育内容上，虽然侧重点有差异，但存在共同之处。《中华人民共和国未成年人保护法》第五条规定，国家、社会、学校和家庭应当对未成年人进行理想教育、道德教育、科学教育、文化教育、法治教育、国家安全教育、健康教育、劳动教育，加强爱国主义、集体主义和中国特色社会主义的教育，培养爱祖国、爱人民、爱劳动、爱科学、爱社会主义的公德，抵制资本主义、封建主义和其他腐朽思想的侵蚀，引导未成年人树立和践行社会主义核心价值观。

三是在教育效果上，家庭教育、学校教育、社会教育需要相互协同配合才能实现效果最大化。例如，合理安排学生的学习、休息时间，既是家长的责任，也与学校相关，需要相互沟通配合。例如，在减轻未成年人学习负担方面，《中华人民共和国未成年人保护法》第三十三条规定，学校应当与未成年学生的父母或者其他监护人互相配合，合理安排未成年学生的学习时间，保障其休息、娱乐和体育锻炼的时间。学校不得占用国家法定节假日、休息日及寒暑假期，组织义务教育阶段的未成年学生集体补课，加重其学习负担。幼儿园、校外培训机构不得对学龄前未成年人进行小学课程教育。本法第二十六条规定，县级以上地方人民政府应当加强监督管理，减轻义务教育阶段学生作业负担和校外培训负担，畅通学校家庭沟通渠道，推进学校教育和家庭教育相互配合。在预防和处理未成年人网络沉迷方面，本法第二十二条规定，未成年人的父母或者其他监护人应当合理安排未成年人学习、休息、娱乐和体育锻炼的时间，避免加重未成年人学习负担，预防未成年人沉迷网络。《中华人民共和国未成年人保护法》第七十条第二款规定，学校发现未成年学生沉迷网络的，应当及时告知其父母或者其他监护人，共同对未成年学生进行教育和引导，帮助其恢复正常的学习生活。

中小学校、幼儿园、婴幼儿照护服务机构、社区本身负有保护未成年人的义务和责任，他们在履行相关义务和责任的过程中，需要与家长沟通。另外，为了实现和家庭教育的有效协同，中小学校、幼儿园、婴幼儿照护服务机构、社区等开展家庭教育指导服务和实践活动，为家长提供指导和支持。这些都需要家长予以配合。

二、参加家庭教育指导和实践活动

家长实施家庭教育，需要学习家庭教育知识，提高家庭教育能力，本法第四章“社会协同”规定了中小学校、幼儿园、婴幼儿照护服务机构、社区应为家长提供相关服务。

关于中小学校、幼儿园，第四十条规定，中小学校、幼儿园可以采取建立家长学校等方式，针对不同年龄段未成年人的特点，定期组织公益性家庭教育指导服务和实践活动，并及时联系、督促未成年人的父母或者其他监护人参加。第四十一条规定，中小学校、幼儿园应当根据家长的需求，邀请有关人员传授家庭教育理念、知识和方法，组织开展家庭教育指导服务和实践活动，促进家庭与学校共同教育。

关于婴幼儿照护服务机构，第四十四条规定，婴幼儿照护服务机构、早期教育服务机构应当为未成年人的父母或者其他监护人提供科学养育指导等家庭教育指导服务。

关于社区，第三十八条规定，居民委员会、村民委员会可以依托城乡社区公共服务设施，设立社区家长学校等家庭教育指导服务站点，配合家庭教育指导机构组织面向居民、村民的家庭教育知识宣传，为未成年人的父母或者其他监护人提供家庭教育指导服务。

《中国儿童发展纲要（2021—2030 年）》规定，坚持学校教育与家庭教育、社会教育相结合。加强家园、家校协作，推动教师家访制度化、常态化。加强中小学、幼儿园、社区家长学校、家长委员会建设，普及家庭教育知识，推广家庭教育经验。《教育部关于加强家庭教育工作的指导意见》提出，中小学幼儿园要举办家长培训讲座和咨询服务，开展先进教育理念和科学育人知识指导；举办经验交流会，通过优秀家长现身说法、案例教学发挥优秀家庭示范带动作用。组织社会实践活动，定期开展家长和学生共同参与的参观体验、专题调查、研学旅行、红色旅游、志愿服务和社会公益活动。以重大纪念日、民族传统节日为契机，通过丰富多彩、生动活泼的文艺、体育等活动增进亲子沟通和交流。

及时了解、沟通和反馈学生思想状况和行为表现，营造良好家校关系和共同育人氛围。家长委员会要邀请有关专家、学校校长和相关教师、优秀父母组成家庭教育讲师团，面向广大家长定期宣传党的教育方针、相关法律法规和政策，传播科学的家庭教育理念、知识和方法，组织开展形式多样的家庭教育指导服务和实践活动。中小学幼儿园要把家长学校纳入学校工作的总体部署，帮助和支持家长学校组织专家团队，聘请专业人士和志愿者，设计较为具体的家庭教育纲目和课程，开发家庭教育教材和活动指导手册。中小学家长学校每学期至少组织 1 次家庭教育指导和 1 次家庭教育实践活动。幼儿园家长学校每学期至少组织 1 次家庭教育指导和 2 次亲子实践活动。

中小学校、幼儿园、婴幼儿照护服务机构、社区提供的公益性家庭教育指导和实践活动，对于帮助家长学习家庭教育知识，解决家庭教育中的问题和困惑，促进家长和子女的情感交流等都具有积极作用，家长应当积极参加。

◆ **相关规定**

《中华人民共和国未成年人保护法》第一条、第五条、第三十三条；《中华人民共和国义务教育法》第三条

第二十条　未成年人的父母分居或者离异的，应当相互配合履行家庭教育责任，任何一方不得拒绝或者怠于履行；除法律另有规定外，不得阻碍另一方实施家庭教育。

◆ **条文主旨**

本条是关于父母分居或离异时实施家庭教育的规定。

◆ **立法背景**

父母是家庭教育的主体，家庭教育是父母双方共同的责任。实践中，未成年人的父母分居或者离异的，一方或者双方可能会拒绝或怠于履行家庭教育责任；有时也会出现为了争夺抚养权而藏匿未成年人，拒绝另一方探望、实施家庭教育的情形。本条针对这一问题，作了规定。

◆ **条文解读**

家庭教育法草案一审稿第十五条规定："未成年人的父母分居或者离异的，任何一方不得拒绝或者怠于履行实施家庭教育的责任，但被人民法院裁判作出人身安全保护令的或者被中止探望的除外。"有的意见提出，当事人在被人民法院裁判作出人身安全保护令的或者被中止探望的情况下，不能行使探望权，这种情况下不属于其本身拒绝或怠于履行家庭教育责任。此外，除了拒绝、怠于履行家庭教育责任，还有一方阻碍另一方对子女实施家庭教育的情形。立法机关根据上述意见，对该规定作了修改完善，更加准确严谨。

一、父母应当相互配合履行家庭教育责任

父母是履行家庭教育的责任主体，即使在分居或离异的情况下，仍应当对未成年人依法履行监护、抚养、家庭教育等责任。《中华人民共和国民法典》第二十六条规定，父母对未成年子女负有抚养、教育和保护的义务。第一千零八十四条规定，父母与子女间的关系，不因父母离婚而消除。离婚后，子女无论由父或者母直接抚养，仍是父母双方的子女。离婚后，父母对于子女仍有抚养、教育、保护的权利和义务。

无论是父亲还是母亲，都对孩子的成长发挥着不可替代的作用。即使夫妻之间因为感情不和等矛盾而分居或离异，也不能忽视子女对父母的感情需求，以及父母共同对子女的教育责任。本法第十七条规定的家庭教育方式方法，例如亲自养育，加强亲子陪伴，共同参与，发挥父母双方的作用等，也适用于未成年人父母分居或离异情况下实施的家庭教育，因此父母应当从有利于未成年人健康成长的角度，相互配合履行家庭教育责任。

《全国家庭教育指导大纲》对离异和重组家庭的家庭教育作了特别的规定。家长需要正确认识和处理婚姻存续与教养职责之间的关系，对儿童的教养责任不因夫妻离异而消除。家长需要学会调节和控制情绪，避免将自身婚姻失败与情感压力迁怒于儿童；不能简单粗暴或者无原则地迁就、溺爱儿童；让非直接抚养的一方定期与孩子见面，强化孩子心目中父（母）亲的形象和情感。

二、不得拒绝、怠于或阻碍实施家庭教育

一是不得拒绝、怠于履行家庭教育责任。拒绝履行家庭教育责任，是指不对孩子进行基本的、必要的家庭教育，例如在离异后未与孩子共同生活的一方，完全不对孩子进行探望，也不通过其他方式和孩子进行联系交流。怠于履行家庭教育责任，是指不认真履行家庭教育责任，对孩子疏于教育，例如对于孩子不正确的行为甚至不良行为等不进行及时和必要的干预和纠正等。

二是除法律另有规定外，不得阻碍另一方实施家庭教育。《中华人民共和国民法典》第一千零八十六条规定，离婚后，不直接抚养子女的父或者母，有探望子女的权利，另一方有协助的义务。《中华人民共和国未成年人保护法》第二十四条规定，未成年人的父母离婚时，应当妥善处理未成年子女的抚养、教育、探望、财产等事宜，听取有表达意愿能力未成年人的意见。不得以抢夺、藏匿未成年子女等方式争夺抚养权。未成年人的父母离婚后，不直接抚养未成年子女的一方应当依照协议、人民法院判决或者调解确定的时间和方式，在不影响未成年人学习、生活的情况下探望未成年子女，直接抚养的一方应当配合，但被人民法院依法中止探望权的除外。阻碍另一方实施家庭教育，主要是在没有正当理由的情况下，藏匿孩子、拒绝另一方探望孩子或者正常与孩子联系等。

本法第四十八条规定，未成年人住所地的居民委员会、村民委员会、妇女联合会，未成年人的父母或者其他监护人所在单位，以及中小学校、幼儿园等有关密切接触未成年人的单位，发现父母或者其他监护人拒绝、怠于履行家庭教育责任，或者非法阻碍其他监护人实施家庭教育的，应当予以批评教育、劝诫制止，必要时督促其接受家庭教育指导。

◆ **相关规定**

《中华人民共和国民法典》第二十六条、第一千零八十四条、第一千零八十六条；《中华人民共和国未成年人保护法》第二十四条

第二十一条　未成年人的父母或者其他监护人依法委托他人代为照护未成年人的，应当与被委托人、未成年人保持联系，定期了解未成年人学习、生活情况和心理状况，与被委托人共同履行家庭教育责任。

◆ **条文主旨**

本条是关于委托照护情形下实施家庭教育的规定。

◆ 立法背景

父母的陪伴和共同参与，对于实施家庭教育非常重要。但是，由于外出工作等原因，无论是农村和城市中都存在父母将孩子委托给他人照护的情况。孩子不与父母生活在一起，可能会对其身心健康产生负面影响。为了确保留守未成年人尽可能受到良好的家庭教育，本条对委托照护情形下如何实施家庭教育作了专门规定。

◆ 条文解读

一、依法委托他人代为照护未成年人

委托照护是指未成年人的父母或者其他监护人因外出务工等原因，在一定期限内不能完全履行监护职责的，将未成年子女委托给他人照护。

《中华人民共和国未成年人保护法》第二十二条对委托照护的条件作了规定。一是父母委托他人长期照护子女应当有正当理由。从有利于未成年子女健康成长来看，未成年子女应当由父母亲自抚养、教育和保护。父母或者其他监护人只有在有正当理由，比如外出务工、学习等，才能把未成年子女委托给他人照护。无正当理由的，不得委托他人代为照护未成年人。二是委托时需要考虑相关因素。未成年人的父母或者其他监护人在确定被委托人时，应当综合考虑其道德品质、家庭状况、身心健康状况、与未成年人生活情感上的联系等情况，并听取有表达意愿能力未成年人的意见。三是被委托人应当符合特定条件。包括应当是具有照护能力的完全民事行为能力人。存在曾实施性侵害、虐待、遗弃、拐卖、暴力伤害等违法犯罪行为，有吸毒、酗酒、赌博等恶习，曾拒不履行或者长期怠于履行监护、照护职责等情形之一的，不得作为被委托人。

二、与被委托人、未成年人保持联系

《中华人民共和国未成年人保护法》第二十三条规定，未成年人的父母或者其他监护人委托他人照护未成年人的，应当与未成年人、被委托人至少每周联系和交流一次，了解未成年人的生活、学习、心理等情况，并给予未成年人亲情关爱。家庭教育法草案一审稿第十六条规定："未成年人的父母或者其他监护人依法委托其他成年人代为照护未成年人的，应当与被委托人共同实施家庭教育。"在审议过程中，根据有关方面的意见，增加了"与被委托人、未成年人保持联系，定期了解未成年人学习、生活情况和心理状况"的内容，做好与未成年人保护法的衔接。

未成年人的父母或者其他监护人将未成年子女委托给他人照护，父母或者其他监护人仍然需要与被委托人、未成年人保持联系，定期了解未成年人学习、生活情况和心理状况，履行监护义务、对未成年人进行家庭教育。一方面是因为父母或者监护人仍然是家庭教育的责任主体，负有对未成年人实施家庭教育的义务，因此必须履行该义务。另一方面是因为父母或者其他监护人在未成年人心理或情感上具有独特地位，是被委托人无法代替的。

三、监护人与被委托人共同履行家庭教育责任

根据本法规定，家庭教育是指父母或者其他监护人对未成年人实施的道德品质、身体素质、生活技能、文化修养、行为习惯等方面的培育、引导和影响，父母或者其他监护人承担对未成年人实施家庭教育的主体责任。

在委托照护的情况下，父母或者其他监护人将一部分监护职责委托给他人行使，虽然父母或者其他监护人在实施家庭教育方面存在不方便的情况，但他们仍然是家庭教育的责任主体，仍然需要对子女进行家庭教育。

被委托人接受监护人的委托对未成年人进行照护，这种照护实际上相当于承担了监护人的一部分监护职责，不仅需要照顾未成年人的物质生活需要，还要关注未成年人的心理、情感等。同时，被委托人与未成年人一起生活，被委托人的言谈举止都会对未成年人产生重要影响，从保护未成年人的角度，需要明确其承担对未成年人的教育责任。另外，实践中被委托人通常与未成年人存在亲属关系，例如是未成年人的祖父母、外祖父母，要求被委托人承担家庭教育责任也是适当的。

◆ 相关规定

《中华人民共和国未成年人保护法》第二十二条、第二十三条

第二十二条 未成年人的父母或者其他监护人应当合理安排未成年人学习、休息、娱乐和体育锻炼的时间，避免加重未成年人学习负担，预防未成年人沉迷网络。

◆ 条文主旨

本条是关于合理安排未成年人活动时间的规定。

◆ 立法背景

在本法立法过程中，有的意见提出，当前家庭教育领域中，有一些较为突出的现实问题，人民群众普遍关注、反映强烈。例如，有的家长没有树立正确的成才观，只关注学习成绩，对未成年子女期望值过高、施加的学习负担过重，造成不少未成年人过早近视、身体素质较低等。有的家长对未成年子女沉迷网络游戏等行为疏于管教，影响未成年人正常学习生活，损害身心健康等。法律应当对这些突出问题作出回应。三审时根据上述意见，增加了本条规定。

◆ 条文解读

一、合理安排时间、避免加重学习负担

促进未成年人的身心全面健康成长，需要保障未成年人的休息，以及参与娱乐、体育锻炼等活动。联合国《儿童权利公约》规定，儿童有权享有休息和闲暇，从事与儿童年龄相宜的游戏和娱乐活动，以及自由参加文化生活和艺术活动；应尊重并促进儿童充分参加文化和艺术生活的权利。《中华人民共和国未成年人保护法》第十六条也规定，未成年人的父母或者其他监护人应当保障未成年人休息、娱乐和体育锻炼的时间，引导未成年人进行有益身心健康的活动。

未成年人处于身心发育的关键时期，睡眠不足不但会影响未成年人身体成长，还会影响其学习、生活和心理健康。未成年人享有娱乐权，父母或者其他监护人应当给予未成年人充足的娱乐时间并对娱乐活动进行积极的引导。体育锻炼是提高未成年人健康素质的有效途径，对未成年人思想品德、智力发育、审美素养和健康生活方式的形成具有不可替代的作用。《综合防控儿童青少年近视实施方案》对家庭促进中小学生健康作了要求，提出家庭要保障孩子睡眠时间，确保小学生每天睡眠 10 个小时、初中生 9 个小时、高中生 8 个小时。营造良好的家庭体育运动氛围，积极引导孩子进行户外活动或体育锻炼，确保孩子在家时每天接触户外自然光的时间达到 60 分钟以上。鼓励支持孩子参加校外多种形式的体育活动，督促孩子认真完成寒暑假体育作业，使其掌握 1—2 项体育运动技能，引导孩子养成终身锻炼习惯。

家长应当树立正确的教育观念，理性确定对未成年人的成长预期，合理对待未成年人的学习成绩，不宜给未成年人施加过大的学习压力，不能过度重视学习成绩而忽视其他方面的健康成长。

不能为了追求学习成绩而挤压未成年人休息、娱乐和体育锻炼的时间，过度安排未成年人参加课外学科培训等。《中央办公厅、国务院办公厅关于进一步减轻义务教育阶段学生作业负担和校外培训负担的意见》对提升学校育人水平、规范校外培训作了规定，家长开展家庭教育，也要加强和学校的协同，共同发挥作用，统筹安排好课余学习生活，注重帮助孩子养成良好学习生活习惯，提升孩子学习质量，避免加重学习负担。

二、预防未成年人沉迷网络

在网络社会，互联网是未成年人获取知识的重要渠道，但是未成年人自控能力较弱，过多使用或依赖网络也可能产生网络沉迷。一是因过度上网而造成睡眠不足、注意力下降，严重影响未成年人身体机能的健康发育；二是色情、暴力等内容会对未成年人的心理健康造成严重影响；三是使未成年人逐渐忽略学习，造成学习成绩下降甚至学业荒废等结果，而且会阻碍未成年人正常的人际交往。

家长应当积极采取措施预防未成年人沉迷网络。一是家长要提高自身网络素养，自己主动学习和掌握网络相关知识，例如正确认识网络对未成年人的负面影响，掌握可以规范未成年人使用网络的措施等；同时，还要规范自身使用网络的行为，为孩子合理使用网络树立好的榜样。二是对未成年人进行网络素养宣传教育，增强未成年人科学、文明、安全、合理使用网络的意识和能力，提醒鼓励未成年人在使用网络的过程中学会自我保护、自我尊重、自我发展。三是了解未成年人使用网络的习惯，合理控制未成年人使用网络的行为。包括在智能终端产品上安装未成年人网络保护软件，对未成年人使用网络进行时间管理，合理安排未成年人的上网时段、时长，及时发现、制止和干预未成年人沉迷网络和不当消费行为。

◆ **相关规定**

《中华人民共和国未成年人保护法》第十六条、第七十一条

第二十三条 未成年人的父母或者其他监护人不得因性别、身体状况、智力等歧视未成年人，不得实施家庭暴力，不得胁迫、引诱、教唆、纵容、利用未成年人从事违反法律法规和社会公德的活动。

◆ **条文主旨**

本条是关于父母或者其他监护人在实施家庭教育时的禁止性行为的规定。

◆ **立法背景**

根据本法第二条和第十四条的规定，家庭教育，是指父母或者其他监护人为促进未成年人全面健康成长，对其实施的道德品质、身体素质、生活技能、文化修养、行为习惯等方面的培育、引导和影响；父母或者其他监护人应当树立家庭是第一个课堂、家长是第一任老师的责任意识，承担对未成年人实施家庭教育的主体责任，用正确思想、方法和行为教育未成年人养成良好思想、品行和习惯。因此，本法所提倡的家庭教育是家长在日常生活中，用正确思想、方法和行为，通过言传身教、情感交流等方式，对子女施以一定的正面教育和影响，教育未成年人养成影响其终身的良好思想、品行和习惯。实践中，家长实施的家庭教育并不一定都是正面的，有些未成年人的父母或者其他监护人可能因未成年子女的性别、身体状况、智力发展等因素给予其差别待遇，或者以肢体暴力或者语言暴力等家庭暴力代替家庭教育，还有极少

数家长胁迫、引诱、教唆、纵容、利用未成年子女从事违反法律法规和社会公德的活动。在本法立法过程中，一些意见提出，现实生活中有的家长在家庭教育过程中对未成年子女实施的上述不当行为，侵害未成年子女的权益，甚至导致严重后果，建议进一步做好本法与未成年人保护法、反家庭暴力法等法律的衔接，加以有效防治。立法过程中采纳了上述意见，对父母或者其他监护人在实施家庭教育过程中的不当行为专门作了禁止性规定。

◆ **条文解读**

一、未成年人的父母或者其他监护人不得歧视未成年人

未成年人平等享有权利，不受歧视。我国宪法规定，中华人民共和国公民在法律面前一律平等。我国各个部门法从不同方面、不同领域，都对法律地位平等、平等享有权利和承担义务作出了规定。这些权利不仅包括宪法规定的公民基本权利，也包括其他法律规定的具体权利，同时包括本法规定的各项权利。

平等享有权利，也就是不受歧视。根据联合国《儿童权利公约》的规定，非歧视（平等保护）原则是指，儿童所享有的权利不因儿童或其父母或法定监护人的种族、肤色、性别、语言、宗教、政治或其他见解、民族、族裔或社会出身、财产、伤残、出生或其他身份而有任何差别。《中华人民共和国未成年人保护法》第三条规定：“国家保障未成年人的生存权、发展权、受保护权、参与权等权利。未成年人依法平等地享有各项权利，不因本人及其父母或者其他监护人的民族、种族、性别、户籍、职业、宗教信仰、教育程度、家庭状况、身心健康状况等受到歧视。”实践中，一些未成年人的父母或者其他监护人由于受男尊女卑的陈规陋习及封建残余思想荼毒，或者受教育文化水平偏低，对家庭或者家庭教育的认识存在偏差，在实施家庭教育的过程中，或者会因为未成年子女的性别原因，肢体残疾或者罹患重疾等身体状况，智力发展水平偏低等因素，对子女实行差别待遇。有的父母或者其他监护人还存在虐待或者歧视非婚生子女或者继子女、养子女的情况，这些都有违宪法和未成年人保护法关于未成年人平等享有各项权利和不受歧视的基本精神。《中华人民共和国民法典》第一千零四十二条明确禁止家庭成员间的虐待和遗弃。第一千零七十一条规定，非婚生子女享有与婚生子女同等的权利，任何组织或者个人不得加以危害和歧视。第一千零七十二条规定，继父母与继子女间，不得虐待或者歧视。

本法立法的过程中，正值中共中央、国务院颁布《关于优化生育政策促进人口长期均衡发展的决定》，决定提出进一步适应人口形势新变化和推动高质量发展新要求，实施三孩生育政策及配套支持措施。随着生育政策的逐步放开，多子女家庭日渐增多，为贯彻落实中央精神，本法进一步强调未成年人的父母或者其他监护人不得歧视未成年人。根据本条的规定，为了促进未成年人身心健康发展，未成年人的父母或者其他监护人在实施家庭教育的过程中，应当将所有的孩子纳入视角，不得重男轻女，也不得重女轻男，不得因孩子的身体、心理、智力、学习能力等存在一些特殊情况，或者因是否婚生、亲生等出身因素而偏爱一部分孩子、歧视另一部分孩子。要注意平等对待每一个孩子，关心关爱每一个孩子，要关注到每个孩子的特殊性，注意发现孩子的困难情况，为其提供必要的帮助。实践中，一些孩子有肢体或智力残疾，身体患较为严重的疾病或存在心理疾病，或者学习能力低下。这些因素可能造成孩子性情孤僻、敏感自卑、成绩落后，需要家长在家庭教育中花费更多的时间和精力予以关注和引导，加强亲子陪伴和交流，经常帮助孩子查漏补缺，给予正面的鼓励和引导，帮助其提升信心，树立正确的价值观。对身心有障碍的孩子，家长应当积极与学校和老师沟通配合，保障其跟班就读，接受融合教育。对行为异常的孩子，要保持家校联系，耐心细致地与孩子沟通，做好心理疏导，必要时及时送医。对学习有困难的孩子，尊重孩子的身心发展规律和个体差异，贯彻科学的家庭教育理念和方法，按照因材施教的原则，针对其学习能力、学习方法和思想心理状况，切实加以帮助和引导，使他们提高学习兴趣，改进学习方法，养成良好学习习惯，不断提升学习能力和学习水平，切实增强学习的自信心、有效性和获得感。这有利于帮助孩子融入文明、和睦的家庭生活，形成团结友爱的良好家庭氛围，有利于培养孩子的安全感和自信心，为未成年人身心健康成长营造良好的家庭环境。

二、未成年人的父母或者其他监护人不得对未成年人实施家庭暴力

根据本条规定，未成年人的父母或者其他监护人在实施家庭教育的过程中不得对未成年人实施家庭暴力。

（一）家庭暴力的界定

所谓家庭暴力，根据《中华人民共和国反家庭暴力法》第二条规定，是指家庭成员之间以殴打、捆绑、残害、限制人身自由以及经常性谩骂、恐吓等方式实施的身体、精神等侵害行为。家庭暴力主要包括身体暴力和精神暴力。身体暴力是最典型的家庭暴力，主要表现为殴打、捆绑、残害受害人，限制人身自由，以饿冻、有病不给治疗等方式虐待受害人，遗弃没有独立生活能力的未成年人、老人、残疾人、重病患者，在家庭教育中以暴力方式管教儿童等。精神暴力主要表现为对受害人进行侮辱、谩骂、诽谤、宣扬隐私、无端指责、人格贬损，恐吓、威胁、跟踪、骚扰受害人及其近亲属等。精神暴力通常会使受害人产生自卑、恐

惧、焦虑、抑郁等心理、精神方面的伤害。精神暴力的发生率仅次于身体暴力。另外，家庭成员使未成年人目睹家庭暴力行为，虽然不是直接针对未成年人的身体暴力，但与恐吓、威胁等行为类似，也会给未成年人带来精神伤害，在一些情况下也可能构成针对未成年人的精神暴力。根据2015年《最高人民法院、最高人民检察院、公安部、司法部关于依法处理家庭暴力犯罪案件的意见》规定，负有扶养义务且有扶养能力的人，拒绝扶养年幼、年老、患病或者其他没有独立生活能力的家庭成员，是危害严重的遗弃性质的家庭暴力。根据司法实践，具有对被害人长期不予照顾、不提供生活来源；驱赶、逼迫被害人离家，致使被害人流离失所或者生存困难；遗弃患严重疾病或者生活不能自理的被害人；遗弃致使被害人身体严重损害或者造成其他严重后果等情形，属于刑法规定的遗弃“情节恶劣”，应当依法以遗弃罪定罪处罚。

家庭暴力是发生在家庭成员之间的暴力行为，即具有血缘或婚姻关系的人之间发生的暴力行为。根据《中华人民共和国民法典》第一千零四十五条的规定，配偶、父母、子女和其他共同生活的近亲属为家庭成员。配偶、父母、子女、兄弟姐妹、祖父母、外祖父母、孙子女、外孙子女为近亲属。亲属包括配偶、血亲和姻亲。《中华人民共和国反家庭暴力法》第三十七条规定：“家庭成员以外共同生活的人之间实施的暴力行为，参照本法规定执行。”这些人虽然不属于法律规定的家庭成员范围，但他们之间由于特殊的亲密关系或者法律规定而产生类似于家庭成员之间的生活关系和权利义务，有时也被称为“准家庭关系”，主要包括非近亲属之间的监护关系、扶养关系、寄养关系、委托照护关系、同居关系等。

本条规定的家庭暴力是指未成年人的父母或者其他监护人在实施家庭教育的过程中对未成年人实施家庭暴力。

（二）禁止家庭暴力

禁止家庭暴力是《儿童权利公约》中的儿童保护原则和我国法律关于家庭保护的重要内容。《儿童权利公约》规定，“缔约国应采取一切适当的立法、行政、社会和教育措施，保护儿童在受父母、法定监护人或其他任何负责照管儿童的人的照料时，不致受到任何形式的身心摧残、伤害或凌辱，忽视或照料不周，虐待或剥削，包括性侵犯”。《中华人民共和国民法典》第一千零四十二条明确禁止家庭暴力，禁止家庭成员间的虐待和遗弃。《中华人民共和国未成年人保护法》第十七条规定了未成年人的父母或者其他监护人不得虐待、遗弃、非法送养未成年人或者对未成年人实施家庭暴力。《中华人民共和国反家庭暴力法》第十二条规定，未成年人的监护人应当以文明的方式进行家庭教育，依法履行监护和教育职责，不得实施家庭暴力。因此，本条关于“不得实施家庭暴力”的规定是对公约和上述法律精神的重申和再次强化，明确了父母或者其他监护人实施家庭教育的底线义务，同时在本法第五十三条规定：“未成年人的父母或者其他监护人在家庭教育过程中对未成年人实施家庭暴力的，依照《中华人民共和国未成年人保护法》、《中华人民共和国反家庭暴力法》等法律的规定追究法律责任。”授权适用其他相关法律条款中规定的违反这项义务的处置措施和法律责任，使禁止对未成年人实施家庭暴力的原则具有了现实可操作性，如强制报告制度、救助安置措施、人身安全保护令等。禁止父母或者其他监护人实施家庭暴力有三个方面的重要意义：一是有利于明确国家反对家庭暴力、坚持儿童优先的原则，防止监护人滥用与未成年人的特殊关系和控制地位实施暴力侵害行为或者用暴力方式管教未成年人，保障未成年人人身权利不受侵犯；二是有利于阻断家庭暴力的恶性循环，预防未成年人成人后对自己的家人、孩子使用家庭暴力；三是有利于预防社会暴力，减少因家庭暴力升级引发的极端恶性刑事案件，维护社会和谐稳定。

父母或者其他监护人应当依法履行家庭教育职责，不得实施家庭暴力。《中华人民共和国民法典》第二十六条规定，父母对未成年子女负有抚养、教育和保护的义务。第三十四条规定，监护人不履行监护职责或者侵害被监护人合法权益的，应当承担法律责任。第三十五条规定，监护人应当按照最有利于被监护人的原则履行监护职责。《中华人民共和国反家庭暴力法》第十二条规定，未成年人的监护人应当以文明的方式进行家庭教育，依法履行监护和教育职责，不得实施家庭暴力。《中华人民共和国未成年人保护法》第二章对未成年人的家庭保护作了全面且具体的规定，列举了未成年人的父母或者其他监护人依法对未成年人应当履行的监护职责和监护中的禁止行为，规定未成年人的父母或者其他监护人应当学习家庭教育知识，接受家庭教育指导。未成年人的父母或者其他监护人依法履行抚养、教育、保护等监护职责的一个重要方面就是依据上述法律和本法实施家庭教育，不得实施家庭暴力。

（三）应当采取科学文明的方法

家庭是社会的基本细胞，家庭的和谐稳定关系到社会的和谐稳定。家庭成员之间应当互相帮助，互相关爱，和睦相处，履行家庭义务。《中华人民共和国民法典》第二十六条规定，父母对未成年子女负有抚养、教育和保护的义务。第一千零四十三条规定，家庭应当树立优良家风，弘扬家庭美德，重视家庭文明建设。家庭成员应当敬老爱幼，互相帮助，维护平等、和睦、文明的婚姻家庭关系。《中华人民共和国反家庭暴力法》第三条规定，家庭成员之间应当互相帮助，互相关爱，和睦相处，履行家庭义务。反家庭暴力是国家、社会和每个家庭的共同责任。国家禁止任何形式的家庭暴力。《中华人民共和国未成年人保护法》第十五条规定，未成年人的父母或者其他监护人应当创造良好、和睦、文明的家庭环境。在上述规定的基础上，本法第十五条进一步强调，未成年人的父母或者其他监护人及其他家庭成员应当注重家庭建设，培育积极健康的家庭文化，树立和传承优良家风，弘扬中华民族家庭美德，共同构建文明、和睦的家庭关系，为未成年人健康成长营造良好的家庭环境。

父母或者其他监护人应当以科学的方法和文明的方式进行家庭教育。受中国传统“棍棒之下出孝子”“孩子不打不成才”等错误观念影响，很多父母误以为当孩子犯错时进行打骂、过度体罚、羞辱是正确的家庭教育方式，殊不知用简单粗暴的方式管教孩子具有严重的危害性。从身心健康来看，有很多研究表明，人在幼年时期遭受的伤害不仅影响心理健康，还会损害脑神经的发育，而且不可逆转、难以疗愈；从人格发育来看，在童年遭受粗暴教育的孩子在性格上容易形成讨好型人格或逆反型人格，在社会交往中表现出唯唯诺诺或恃强凌弱，自尊感较低，缺乏自信；从行为习惯来看，儿童自幼习得以粗暴方式发泄情绪、解决问题，成年后不善于用文明、正确的方式处理人际关系，容易引起家庭关系紧张，引发家庭矛盾，影响家庭乃至社会的和谐稳定。父母或者其他监护人有义务学习科学的家庭教育知识，正确履行监护职责，抚养教育未成年人。在此基础上，为顺应社会文明进步的要求，纠正传统观念中的误区。

三、未成年人的父母或者其他监护人不得胁迫、引诱、教唆、纵容、利用未成年人从事违反法律法规和社会公德的活动

根据本条规定，未成年人的父母或者其他监护人不得胁迫、引诱、教唆、纵容、利用未成年人从事违反法律法规和社会公德的活动。

法律法规，应从广义上理解为一切具有强制约束力的规范性文件，包括现行有效的法律、行政法规、司法解释、地方性法规、地方政府规章、部门规章及其他规范性文件。社会公德是指人们在社会交往和公共生活中应该遵守的行为准则，是维护社会成员之间最基本的社会关系秩序、保证社会和谐稳定的最起码的道德要求。社会公德有广义和狭义的理解。广义的社会公德是指反映阶级、民族或社会共同利益的道德。它包括一定社会、一定国家特别提倡和实行的道德要求，甚至还以法律规定的形式，使之得以重视和推行。例如《中华人民共和国未成年人保护法》第五条规定，国家、社会、学校和家庭应当对未成年人进行理想教育、道德教育、科学教育、文化教育、法治教育、国家安全教育、健康教育、劳动教育，加强爱国主义、集体主义和中国特色社会主义的教育，培养爱祖国、爱人民、爱劳动、爱科学、爱社会主义的公德，抵制资本主义、封建主义和其他腐朽思想的侵蚀，引导未成年人树立和践行社会主义核心价值观。狭义的社会公德是指人类在长期社会生活实践中逐渐积累起来的、为社会公共生活所必需的、最简单、最起码的公共生活准则。它一般指影响公共生活的公共秩序、文明礼貌、清洁卫生以及其他影响社会生活的行为规范。社会公德是人类社会生活最基本、最广泛、最一般关系的反映。在阶级社会中，尽管存在各种不同阶级的划分，存在各种不同的分工，但处于同一时代的同一社会环境里的全体社会成员，为了彼此的交往，为了维持社会的起码生活秩序，都必须遵守为这个时代和这个社会所必需的起码的简单生活规则。社会公德的内容是对公共生活中的方方面面提出的基本规范和要求。在我国现代社会中，社会公德的主要内容为：文明礼貌、助人为乐、爱护公物、保护环境、遵纪守法等。社会公德与职业道德、家庭美德、个人品德同属于道德规范范畴，是实践中被广泛认同、较为成熟、可操作性强的道德要求，也可能上升为法律规则。

法律法规和社会公德，都适用于社会公共行为领域。维持社会公共秩序、遵循善良风俗和维护社会正义，不得侵犯国家利益、社会公共利益和他人合法权益是对所有公民的根本要求。

未成年人的父母或者其他监护人有教育、引导未成年人遵纪守法的义务，对未成年人预防犯罪教育负有直接责任，发现未成年人心理或者行为异常的，应当及时了解情况并进行教育、引导和劝诫，不得拒绝或者怠于履行监护职责和家庭教育职责，对于未成年人实施违法犯罪行为的，应该及时制止，向公安机关报告，并积极配合做好矫治教育工作。作为未成年人的父母或者其他监护人，其履行对未成年孩子进行抚养、教育、保护和监护的基本职责，就是要通过实施良好的家庭教育，帮助孩子强化规则意识，弘扬社会公序良俗，自觉遵纪守法，防止孩子从事违反法律法规和社会公德的活动。《中华人民共和国未成年人保护法》第十六条列举了九项未成年人的父母或者其他监护人应当履行的监护职责，其中包括：教育和引导未成年人遵纪守法、勤俭节约，养成良好的思想品德和行为习惯；预防和制止未成年人的不良行为和违法犯罪行为，并进行合理管教等。《中华人民共和国未成年人保护法》第十七条对未成年人的父母或者其他监护人违反监护职责，侵犯未成年人身心健康、财产权益或者不依法履行未成年人保护义务的行为也列举了十项，其中包括：放任、教唆或者利用未成年人实施违法犯罪行为；放任、唆使未成年人参与邪教、迷信活动或者接受恐怖主义、分裂主义、极端主义等侵害；放任、唆使未成年人吸烟、饮酒、赌博、流浪乞讨或者欺凌他人等。第五十四条规定，禁止胁迫、引诱、教唆未成年人参加黑社会性质组织或者从事违法犯罪活动；禁止胁迫、诱骗、利用未成年人乞讨。本法进一步重申上述法律规定的精神，进一步明确禁止未成年人的父母或者其他监护人胁迫、引诱、教唆、纵容、利用未成年人从事违反法律法规和社会公德的活动。

未成年人意志力薄弱，对违法犯罪行为缺乏认识，容易被不法分子利用，从事违法犯罪活动。而未成年人的父母或者其他监护人是未成年人最亲近、最信任的人，他们对未成年孩子施加的影响力也是最大的。因此本条明确禁止未成年人的父母或者其他监护人胁迫、引诱、教唆、纵容、利用未成年人从事违反法律法规的活动，包括禁止他们胁迫、引诱、教唆未成年孩子从事违法犯罪活动。胁迫、引诱、教唆未成年人从事违法犯罪活动的，应当承担相应的法律责任。《中华人民共和国刑法》第二十九条规定，教唆他人犯罪的，应当按照他在共同犯罪中所起的作用处罚，教唆不满十八周岁的人犯罪的，应当从重处罚。第二百六十二条之二规定，组织未成年人进行盗窃、诈骗、抢夺、敲诈勒索等违反治安管理活动的，处三年以下有期徒刑或者拘役，并处罚金；情节严重的，处三年以上七年以下有期徒刑，并处罚金。第三百零一条、第三百四十七条和第三百五十三条规定，引诱未成年人参加聚众淫乱活动的，利用、教唆未成年人走私、贩卖、运输、制造毒品或者向未成年人出售毒品的，引诱、教唆、欺骗或者强迫未成年人吸食、注射毒品的，从重处罚。

对于未成年人的父母或者其他监护人胁迫、引诱、教唆、纵容、利用未成年人从事违反社会公德或者社会公共秩序的活动的，构成违反治安管理处罚法的，依照该法有关规定处罚。《中华人民共和国治安管理处罚法》第十七条规定，教唆、胁迫、诱骗他人违反治安管理的，按照其教唆、胁迫、诱骗的行为处罚。该法第四十条规定，组织、胁迫、诱骗不满十六周岁的人或者残疾人进行恐怖、残忍表演的，处十日以上十五日以下拘留，并处五百元以上一千元以下罚款；情节较轻的，处五日以上十日以下拘留，并处二百元以上五百元以下罚款。第四十一条规定，胁迫、诱骗或者利用他人乞讨的，处十日以上十五日以下拘留，可以并处一千元以下罚款。《中华人民共和国刑法》第二百六十二条之一规定，以暴力、胁迫手段组织残疾人或者不满十四周岁的未成年人乞讨的，处三年以下有期徒刑或者拘役，并处罚金；情节严重的，处三年以上七年以下有期徒刑，并处罚金。

另外，2014 年最高人民法院、最高人民检察院、公安部、民政部在《关于依法处理监护人侵害未成年人权益行为若干问题的意见》中，明确界定了监护人严重侵害未成年人合法权益的行为，包括：父母或者其他监护人教唆、利用未成年人实施违法犯罪行为，胁迫、诱骗、利用未成年人乞讨，以及不履行监护职责严重危害未成年人身心健康等，并提出了依法处置的程序和措施。《中华人民共和国未成年人保护法》第一百零八条规定，未成年人的父母或者其他监护人不依法履行监护职责或者严重侵犯被监护的未成年人合法权益的，人民法院可以根据有关人员或者单位的申请，依法作出人身安全保护令或者撤销监护人资格。

◆ 相关规定

《儿童权利公约》；《中华人民共和国宪法》第三十三条；《中华人民共和国未成年人保护法》第三条、第二章、第五十四条、第一百零八条；《中华人民共和国民法典》第二十六条、第三十四条、第三十五条、一千零四十二条、第一千零四十三条、第一千零四十五条、第一千零七十一条、第一千零七十二条；《中华人民共和国反家庭暴力法》第二条、第三条、第十二条、第三十七条；《中华人民共和国刑法》第二十九条、第二百六十二条之二、第三百零一条、第三百四十七条、第三百五十三条；《中华人民共和国治安管理处罚法》第十七条、第四十条、第四十一条；《中华人民共和国家庭教育促进法》第二条、第十四条、第十五条、第五十三条；《最高人民法院、最高人民检察院、公安部、民政部关于依法处理监护人侵害未成年人权益行为若干问题的意见》；《最高人民法院、最高人民检察院、公安部、司法部关于依法处理家庭暴力犯罪案件的意见》

第三章　国家支持

第二十四条　国务院应当组织有关部门制定、修订并及时颁布全国家庭教育指导大纲。

省级人民政府或者有条件的设区的市级人民政府应当组织有关部门编写或者采用适合当地实际的家庭教育指导读本，制定相应的家庭教育指导服务工作规范和评估规范。

◆ 条文主旨

本条是关于制定家庭教育指导大纲、读本及相关规范的规定。

◆ 立法背景

实践中，我国颁布了家庭教育指导大纲，对家庭教育工作的开展起到了积极作用。在立法过程中，各方面普遍反映，家长实施家庭教育、家庭教育机构为家长提供指导时，缺乏权威教材，市场上的教材质量参差不齐，建议规定政府组织编写家庭教育读本。此外，为了规范家庭教育指导服务工作，还应当建立工作规范和评估规范。本条根据上述意见对有关问题作出了明确规定。

◆ **条文解读**

一、制定全国家庭教育指导大纲

2010 年，全国妇联、教育部等七部门颁布了《全国家庭教育指导大纲》。2019 年全国妇联、教育部、中央文明办等九个部门对大纲进行修订，修订后的大纲在总结多年家庭教育理论与实践经验的基础上，适应家庭教育科学发展的时代要求和家长儿童需求，进一步明确了家庭教育的指导原则、核心理念；遵循家庭教育特点和儿童身心成长发展规律，规范了各个年龄段家庭教育指导的内容要点，是各级各类家庭教育指导服务机构和家庭教育指导者开展家庭教育指导、家长实施家庭教育的重要依据。鉴于其在指导推进家庭教育中的重要作用，本法明确规定国务院应当组织有关部门制定、修订并及时颁布全国家庭教育指导大纲，为家庭教育指导服务的规范化开展与专业化发展提供政策支持和权威指引。

二、编写家庭教育指导读本

家庭教育指导读本是由地方人民政府组织有关部门，依据《全国家庭教育指导大纲》，结合本地实际组织编写的面向家长普及家庭教育理念、知识、方法的指导类读物。目前家庭教育指导读本琳琅满目但良莠不齐，有的读物在内容上缺乏科学性和专业性，容易对家长造成误导。因此本法规定地方政府应当承担编写或采用家庭教育读本的职责，为家长提供具有权威性的专业指导。基于对资源占有情况、统筹协调能力等方面的综合考虑，规定由省级人民政府或者有条件的设区的市级人民政府来履行这一法定职责。

三、制定家庭教育指导服务工作规范和评估规范

家庭教育指导服务工作规范是地方人民政府依据《全国家庭

教育指导大纲》并结合本地实际制定的，对家庭教育指导者的指导服务内容、流程等指导服务行为进行规范的政策性文件，是开展家庭教育指导服务工作的标准和指南。目前我国家庭教育指导服务工作虽已广泛开展，但规范性、专业性程度有待提高，指导服务质量参差不齐，亟须制度化的标准引领。因此，本法规定应由省级人民政府或者有条件的设区的市级人民政府制定家庭教育指导服务工作规范和评估规范，为家庭教育指导服务工作提供专业化的政策指引。

第二十五条 省级以上人民政府应当组织有关部门统筹建设家庭教育信息化共享服务平台，开设公益性网上家长学校和网络课程，开通服务热线，提供线上家庭教育指导服务。

◆ 条文主旨

本条是关于提供线上家庭教育指导服务的规定。

◆ 立法背景

传统的家庭教育指导工作，主要是通过省市建立的家庭教育指导中心或者学校家长学校、社区家长学校等家庭教育指导服务站点，由有关家庭教育指导专家与家长，开展面对面宣传、教育、指导和服务。各地都在广播、电视、报刊等传统媒体设立家庭教育专栏、专题，开展公益宣传，探索实施远程家庭教育指导服务。近年来，随着我国互联网、大数据、人工智能等信息技术快速发展，智能化服务得到广泛应用，深刻改变了生产生活方式，互联网+智能服务正在全面渗透到经济社会的各个领域。在此基础上，新媒体等在线服务平台得到了蓬勃发展，为老百姓特别是广大年轻群体所熟知并熟练运用。一些地方已在实践中利用各种新媒体服务平台，向广大家长开展家庭教育指导服务。考虑到如何让更多的老百姓能够便捷地获得专业的家庭教育指导服务，实现优质资源的共享和高效配置，本条对提供线上家庭教育指导服务作了规定。

◆ 条文解读

根据本条规定，省级以上人民政府应当组织有关部门统筹建设家庭教育信息化共享服务平台，开设公益性网上家长学校和网络课程，开通服务热线，提供线上家庭教育指导服务。

一、关于统筹建设家庭教育信息化共享服务平台

党的十八大以来，各地区各部门认真贯彻党中央、国务院决策部署，围绕转变政府职能、深化简政放权、创新监管方式、优化政务服务，深入推进“互联网+政务服务”，加快建设地方和部门政务服务平台，各类统一的信息化服务平台建设取得了长足的发展。截至2018年，全国已建成31个省级政务服务平台，30多个国务院部门建设开通了部门政务服务平台。其中，20个地区构建了省市县三级以上网上政务服务体系，浙江、广东、贵州等地构建了省市县乡村五级网上政务服务体系。经过多年积累和发展，“互联网+政务服务”在全国已形成普遍共识，各地区各有关部门纷纷以政务服务平台创新政府管理、优化政务服务。国务院2018年发布《关于加快推进全国一体化在线政务服务平台建设的指导意见》，就深入推进“互联网+政务服务”，加快建设全国一体化在线政务服务平台，全面推进政务服务“一网通办”作出全面部署，要求加快建设全国一体化在线政务服务平台，推进各地区各部门政务服务平台规范化、标准化、集约化建设和互联互通，形成全国政务服务“一张网”。

为了全面提升政务服务规范化、便利化水平，为群众提供高效、便捷的政务服务，2020 年，国务院颁布《关于在线政务服务的若干规定》，要求国家加快建设全国一体化在线政务服务平台，推进各地区、各部门政务服务平台规范化、标准化、集约化建设和互联互通，推动实现政务服务事项全国标准统一、全流程网上办理，促进政务服务跨地区、跨部门、跨层级数据共享和业务协同，并依托一体化在线平台推进政务服务线上线下深度融合。

2020 年，国务院办公厅发布《关于全面推行证明事项和涉企经营许可事项告知承诺制的指导意见》，明确规定要坚持协同推进，加强与政务信息资源共享、信用体系建设、“互联网+政务服务”等工作的衔接，各地区、各部门要认真贯彻落实《国务院关于在线政务服务的若干规定》，扎实推进本地区政务信息共享工作，依托全国一体化政务服务平台等实现跨地区、跨部门、跨层级数据共享和业务协同，建立在线核查支撑体系。

因此，省级以上人民政府应当按照国务院的上述文件规定，按照省级统筹原则，通过整合本地区各类办事服务平台，组织有关部门统筹建设本地区各级互联、协同联动的家庭教育信息共享服务平台，在线提供本地区家庭教育指导服务业务。一些地方通过地方立法，先行推动开展在线家庭教育指导服务。如《江苏省家庭教育促进条例》规定，县级以上地方人民政府应当推进家庭教育信息共享服务平台建设，依托网上家长学校等向家庭免费提供针对不同年龄段未成年人的家庭教育指导课程和资料，普及家庭教育知识，提供家庭教育指导服务。其还进一步规定，鼓励研发易于接受、便于互动、科学有效的家庭教育指导服务新媒体产品。

二、提供线上家庭教育指导服务

进一步加快网络家长学校建设，提升网络服务的可及性及有效性。网上家长学校等社会组织机构在家庭教育指导中的作用不容小觑。调查显示，15个省（自治区、直辖市）中有14个建立了网上家长学校，各省网上家长学校2011年浏览人次均值为274万，省级网上家长学校手机用户覆盖均值为55万人。网上家长学校已经可以成为体系建设的重要指导服务阵地和信息平台。家庭教育指导机构可以依托教育科研院所和高校的家庭教育指导专业人士，组织力量编写、设计、制定适合的在线家庭教育指导教材、课件、课程，积极进行家庭教育指导公共服务数字化内容产品开发，要统筹推进“云课堂”等远程在线家庭教育资源建设，深入挖掘家庭教育公共文化服务资源，尽量多地向公众开设公益性的家庭教育指导网络课程，让广大家长能够及时便捷地获得个性化的家庭教育指导服务。同时，积极搭建各类新媒体服务平台，大力拓展微博、微信和手机客户端等新媒体服务平台，借势借力有影响力的自媒体平台，基本搭建覆盖城乡、传统媒体与新媒体深度融合的家庭教育信息共享服务平台。要组织开展线上线下互动的家庭教育公益文化活动，拓展家园、家校共育的信息服务渠道。要开通热线服务，可以设置统一的咨询电话或者网络咨询平台，条件允许的，也可以利用人工智能等虚拟现实技术，探索提供智能化咨询服务。

◆ 相关规定

《国务院关于加快推进全国一体化在线政务服务平台建设的指导意见》;《国务院关于在线政务服务的若干规定》;《国务院办公厅关于全面推行证明事项和涉企经营许可事项告知承诺制的指导意见》;《江苏省家庭教育促进条例》第十九条

第二十六条　县级以上地方人民政府应当加强监督管理，减轻义务教育阶段学生作业负担和校外培训负担，畅通学校家庭沟通渠道，推进学校教育和家庭教育相互配合。

◆ 条文主旨

本条是关于减轻学生课业负担、促进家庭教育和学校教育融合的规定。

◆ 立法背景

2021 年 5 月，中央全面深化改革委员会第十九次会议，审议通过了《关于进一步减轻义务教育阶段学生作业负担和校外培训负担的意见》（以下简称《意见》）。会议指出，义务教育最突出的问题之一是中小学生负担太重，短视化、功利化问题没有根本解决。特别是校外培训机构无序发展，“校内减负、校外增负”现象突出。减轻学生负担，根本之策在于全面提高学校教学质量，做到应教尽教，强化学校教育的主阵地作用。要深化教育教学改革，提升课堂教学质量，优化教学方式，全面压减作业总量，降低考试压力。要鼓励支持学校开展各种课后育人活动，满足学生的多样化需求。要加强教师队伍建设，优化教师资源配置，提高教育教学水平，依法保障教师权益和待遇。会议强调，要全面规范管理校外培训机构，坚持从严治理，对存在不符合资质、管理混乱、借机敛财、虚假宣传、与学校勾连牟利等问题的机构，要严肃查处。要明确培训机构收费标准，加强预收费监管，严禁随意资本化运作，不能让良心的行业变成逐利的产业。要完善相关法律，依法管理校外培训机构。各级党委和政府要强化主体责任，做实做细落实方案，科学组织、务求实效，依法规范教学培训秩序，加强权益保护，确保改革稳妥实施。2021 年 7 月 24 日，中共中央办公厅，国务院办公厅印发《意见》，并要求各地区各部门结合实际认真贯彻落实，教育部门要抓好统筹协调，会同有关部门加强对校外培训机构日常监管，指导学校做好“双减”有关工作。

本法审议的过程中，有的常委委员提出，中央有关文件对减轻义务教育阶段学生作业负担和校外培训负担提出了新的明确要求，本法应当贯彻和体现这一精神，补充完善家庭教育、学校教育相协同等内容。宪法和法律委员会经研究，采纳了上述意见，建议在法律案中增加本条规定。

◆ **条文解读**

根据本条的规定，县级以上地方人民政府应当加强监督管理，减轻义务教育阶段学生作业负担和校外培训负担，畅通学校家庭沟通渠道，推进学校教育和家庭教育相互配合。为了减轻未成年学生的学习负担，促进其身心健康发展，新修订的《中华人民共和国未成年人保护法》第三十三条专门规定，学校应当与未成年学生的父母或者其他监护人互相配合，合理安排未成年学生的学习时间，保障其休息、娱乐和体育锻炼的时间。学校不得占用国家法定节假日、休息日及寒暑假期，组织义务教育阶段的未成年学生集体补课，加重其学习负担。幼儿园、校外培训机构不得对学龄前未成年人进行小学课程教育。为了贯彻落实中央关于“双减”工作重要部署，并与未成年人保护法相衔接，本法第二十二条进一步强调，未成年人的父母或者其他监护人应当合理安排未成年人学习、休息、娱乐和体育锻炼的时间，避免加重未成年人学习负担，预防未成年人沉迷网络。同时在本条又对“双减”作出专门规定。本条体现了立法坚持学生为本、回应社会关切，坚持以习近平新时代中国特色社会主义思想为指导，全面贯彻党的教育方针，落实立德树人根本任务，强化学校教育主阵地作用，深化校外培训机构治理，构建教育良好生态，遵循教育规律，促进学生全面发展和健康成长。

一、加强监督管理

根据本条规定，县级以上各级党委和政府要强化主体责任，切实落实中央关于“双减”工作重要部署，履行好监督管理职责。根据《意见》要求：一要全面系统做好部署。加强党对“双减”工作的领导，各省（自治区、直辖市）党委和政府要把“双减”工作作为重大民生工程，列入重要议事日程，纳入省（自治区、直辖市）党委教育工作领导小组重点任务，结合本地实际细化完善措施，确保“双减”工作落实落地。二要明确部门工作责任。教育部门要抓好统筹协调，会同有关部门加强对校外培训机构日常监管，指导学校做好“双减”有关工作；宣传、网信部门要加强舆论宣传引导，网信部门要配合教育、工业和信息化部门做好线上校外培训监管工作；机构编制部门要及时为中小学校补齐补足教师编制；发展改革部门要会同财政、教育等部门制定学校课后服务性或代收费标准，会同教育等部门制定试点地区校外培训机构收费指导政策；财政部门要加强学校课后服务经费保障；人力资源社会保障部门要做好教师绩效工资核定有关工作；民政部门要做好学科类培训机构登记工作；市场监管部门要做好非学科类培训机构登记工作和校外培训机构收费、广告、反垄断等方面监管工作，加大执法检查力度，会同教育部门依法依规严肃查处违法违规培训行为；政法部门要做好相关维护和谐稳定工作；公安部门要依法加强治安管理，联动开展情报信息搜集研判和预警预防，做好相关涉稳事件应急处置工作；人民银行、银保监、证监部门负责指导银行等机构做好校外培训机构预收费风险管控工作，清理整顿培训机构融资、上市等行为；其他相关部门按照各自职责负起责任、抓好落实。三要联合开展专项治理行动。建立“双减”工作专门协调机制，集中组织开展专项治理行动。在教育部设立协调机制专门工作机构，做好统筹协调，加强对各地工作指导。各省（自治区、直辖市）要完善工作机制，建立专门工作机构，按照“双减”工作目标任务，明确专项治理行动的路线图、时间表和责任人。突出工作重点、关键环节、薄弱地区、重点对象等，开展全面排查整治。对违法违规行为要依法依规严惩重罚，形成警示震慑。四要强化督促检查和宣传引导。将落实“双减”工作情况及实际成效，作为督查督办、漠视群众利益专项整治和政府履行教育职责督导评价的重要内容。建立责任追究机制，对责任不落实、措施不到位的地方、部门、学校及相关责任人要依法依规严肃追究责任。各地要设立监管平台和专门举报电话，畅通群众监督举报途径。各省（自治区、直辖市）要及时总结“双减”工作中的好经验好做法，并做好宣传推广。新闻媒体要坚持正确舆论导向，营造良好社会氛围。

二、切实减轻学生负担

根据本条的规定，应当切实减轻义务教育阶段学生作业负担和校外培训负担。根据《意见》要求：

（一）减轻学生过重作业负担

1. 健全作业管理机制。学校要完善作业管理办法，加强学科组、年级组作业统筹，合理调控作业结构，确保难度不超国家课标。建立作业校内公示制度，加强质量监督。严禁给家长布置或变相布置作业，严禁要求家长检查、批改作业。

2. 分类明确作业总量。学校要确保小学一年级、二年级不布置家庭书面作业，可在校内适当安排巩固练习；小学三年级至六年级书面作业平均完成时间不超过60分钟，初中书面作业平均完成时间不超过90分钟。

3. 提高作业设计质量。发挥作业诊断、巩固、学情分析等功能，将作业设计纳入教研体系，系统设计符合年龄特点和学习规律、体现素质教育导向的基础性作业。鼓励布置分层、弹性和个性化作业，坚决克服机械、无效作业，杜绝重复性、惩罚性作业。

4. 加强作业完成指导。教师要指导小学生在校内基本完成书面作业，初中生在校内完成大部分书面作业。教师要认真批改作业，及时做好反馈，加强面批讲解，认真分析学情，做好答疑辅导。不得要求学生自批自改作业。

（二）从严管理、全面规范校外培训行为

1. 坚持从严审批机构。各地不再审批新的面向义务教育阶段学生的学科类校外培训机构，现有学科类培训机构统一登记为非营利性机构。对原备案的线上学科类培训机构，改为审批制。各省（自治区、直辖市）要对已备案的线上学科类培训机构全面排查，并按标准重新办理审批手续。未通过审批的，取消原有备案登记和互联网信息服务业务经营许可证（ICP）。对非学科类培训机构，各地要区分体育、文化艺术、科技等类别，明确相应主管部门，分类制定标准、严格审批。依法依规严肃查处不具备相应资质条件、未经审批多址开展培训的校外培训机构。学科类培训机构一律不得上市融资，严禁资本化运作；上市公司不得通过股票市场融资投资学科类培训机构，不得通过发行股份或支付现金等方式购买学科类培训机构资产；外资不得通过兼并收购、受托经营、加盟连锁、利用可变利益实体等方式控股或参股学科类培训机构。已违规的，要进行清理整治。

2. 规范培训服务行为。建立培训内容备案与监督制度，制定出台校外培训机构培训材料管理办法。严禁超标超前培训，严禁非学科类培训机构从事学科类培训，严禁提供境外教育课程。依法依规坚决查处超范围培训、培训质量良莠不齐、内容低俗违法、盗版侵权等突出问题。严格执行未成年人保护法有关规定，校外培训机构不得占用国家法定节假日、休息日及寒暑假期组织学科类培训。培训机构不得高薪挖抢学校教师；从事学科类培训的人员必须具备相应教师资格，并将教师资格信息在培训机构场所及网站显著位置公布；不得泄露家长和学生个人信息。根据市场需求、培训成本等因素确定培训机构收费项目和标准，向社会公示、接受监督。全面使用《中小学生校外培训服务合同（示范文本）》。进一步健全常态化排查机制，及时掌握校外培训机构情况及信息，完善“黑白名单”制度。

3. 强化常态运营监管。严格控制资本过度涌入培训机构，培训机构融资及收费应主要用于培训业务经营，坚决禁止为推销业务以虚构原价、虚假折扣、虚假宣传等方式进行不正当竞争，依法依规坚决查处行业垄断行为。线上培训要注重保护学生视力，每课时不超过 30 分钟，课程间隔不少于 10 分钟，培训结束时间不晚于 21 点。积极探索利用人工智能技术合理控制学生连续线上培训时间。线上培训机构不得提供和传播“拍照搜题”等惰化学生思维能力、影响学生独立思考、违背教育教学规律的不良学习方法。聘请在境内的外籍人员要符合国家有关规定，严禁聘请在境外的外籍人员开展培训活动。

4. 做好培训广告管控。中央有关部门、地方各级党委和政府要加强校外培训广告管理，确保主流媒体、新媒体、公共场所、居民区各类广告牌和网络平台等不刊登、不播发校外培训广告。不得在中小学校、幼儿园内开展商业广告活动，不得利用中小学和幼儿园的教材、教辅材料、练习册、文具、教具、校服、校车等发布或变相发布广告。依法依规严肃查处各种夸大培训效果、误导公众教育观念、制造家长焦虑的校外培训违法违规广告行为。

三、推进学校教育和家庭教育相互配合

根据本条的规定，应当畅通学校家庭沟通渠道，推进学校教育和家庭教育相互配合。根据《意见》要求：

1. 完善家校社协同机制。进一步明晰家校育人责任，密切家校沟通，创新协同方式，推进协同育人共同体建设。教育部门要会同妇联等部门，办好家长学校或网上家庭教育指导平台，推动社区家庭教育指导中心、服务站点建设，引导家长树立科学育儿观念，理性确定孩子成长预期，努力形成减负共识。

2. 科学利用课余时间。学校和家长要引导学生放学回家后完成剩余书面作业，进行必要的课业学习，从事力所能及的家务劳动，开展适宜的体育锻炼，开展阅读和文艺活动。个别学生经努力仍完不成书面作业的，也应按时就寝。引导学生合理使用电子产品，控制使用时长，保护视力健康，防止网络沉迷。家长要积极与孩子沟通，关注孩子心理情绪，帮助其养成良好学习生活习惯。寄宿制学校要统筹安排好课余学习生活。

3. 提升学校课后服务水平，满足学生多样化需求。（1）保证课后服务时间。学校要充分利用资源优势，有效实施各种课后育人活动，在校内满足学生多样化学习需求。引导学生自愿参加课后服务。课后服务结束时间原则上不早于当地正常下班时间；对有特殊需要的学生，学校应提供延时托管服务；初中学校工作日晚上可开设自习班。学校可统筹安排教师实行“弹性上下班制”。（2）提高课后服务质量。学校要制定课后服务实施方案，增强课后服务的吸引力。充分用好课后服务时间，指导学生认真完成作业，对学习有困难的学生进行补习辅导与答疑，为学有余力的学生拓展学习空间，开展丰富多彩的科普、文体、艺术、劳动、阅读、兴趣小组及社团活动。不得利用课后服务时间讲新课。（3）拓展课后服务渠道。课后服务一般由本校教师承担，也可聘请退休教师、具备资质的社会专业人员或志愿者提供。教育部门可组织区域内优秀教师到师资力量薄弱的学校开展课后服务。依法依规严肃查处教师校外有偿补课行为，直至撤销教师资格。充分利用社会资源，发挥好少年宫、青少年活动中心等校外活动场所在课后服务中的作用。（4）做强做优免费线上学习服务。教育部门要征集、开发丰富优质的线上教育教学资源，利用国家和各地教育教学资源平台以及优质学校网络平台，免费向学生提供高质量专题教育资源和覆盖各年级各学科的学习资源，推动教育资源均衡发展，促进教育公平。各地要积极创造条件，组织优秀教师开展免费在线互动交流答疑。各地各校要加大宣传推广使用力度，引导学生用好免费线上优质教育资源。（5）保障学校课后服务条件。各地要根据学生规模和中小学教职工编制标准，统筹核定编制，配足配齐教师。省级政府要制定学校课后服务经费保障办法，明确相关标准，采取财政补贴、服务性收费或代收费等方式，确保经费筹措到位。课后服务经费主要用于参与课后服务教师和相关人员的补助，有关部门在核定绩效工资总量时，应考虑教师参与课后服务的因素，把用于教师课后服务补助的经费额度，作为增量纳入绩效工资并设立相应项目，不作为次年正常核定绩效工资总量的基数；对聘请校外人员提供课后服务的，课后服务补助可按劳务费管理。教师参加课后服务的表现应作为职称评聘、表彰奖励和绩效工资分配的重要参考。

4. 大力提升教育教学质量，确保学生在校内学足学好。（1）促进义务教育优质均衡发展。各地要巩固义务教育基本均衡成果，积极开展义务教育优质均衡创建工作，促进新优质学校成长，扩大优质教育资源。积极推进集团化办学、学区化治理和城乡学校共同体建设，充分激发办学活力，整体提升学校办学水平，加快缩小城乡、区域、学校间教育水平差距。（2）提升课堂教学质量。教育部门要指导学校健全教学管理规程，优化教学方式，强化教学管理，提升学生在校学习效率。学校要开齐开足开好国家规定课程，积极推进幼小科学衔接，帮助学生做好入学准备，严格按课程标准零起点教学，做到应教尽教，确保学生达到国家规定的学业质量标准。学校不得随意增减课时、提高难度、加快进度；降低考试压力，改进考试方法，不得有提前结课备考、违规统考、考题超标、考试排名等行为；考试成绩呈现实行等级制，坚决克服唯分数的倾向。（3）深化高中招生改革。各地要积极完善基于初中学业水平考试成绩、结合综合素质评价的高中阶段学校招生录取模式，依据不同科目特点，完善考试方式和成绩呈现方式。坚持以学定考，进一步提升中考命题质量，防止偏题、怪题、超过课程标准的难题。逐步提高优质普通高中招生指标分配到区域内初中的比例，规范普通高中招生秩序，杜绝违规招生、恶性竞争。（4）纳入质量评价体系。地方各级党委和政府要树立正确政绩观，严禁下达升学指标或片面以升学率评价学校和教师。认真落实义务教育质量评价指南，将“双减”工作成效纳入县域和学校义务教育质量评价，把学生参加课后服务、校外培训及培训费用支出减少等情况作为重要评价内容。

◆ 相关规定

《中华人民共和国未成年人保护法》第三十三条；《中华人民共和国家庭教育促进法》第二十二条；《中共中央办公厅、国务院办公厅关于进一步减轻义务教育阶段学生作业负担和校外培训负担的意见》

第二十七条 县级以上地方人民政府及有关部门组织建立家庭教育指导服务专业队伍，加强对专业人员的培养，鼓励社会工作者、志愿者参与家庭教育指导服务工作。

◆ **条文主旨**

本条是关于加强专业人才队伍建设的规定。

◆ **立法背景**

家庭教育指导是一项专业性极强的工作，对指导者的能力和素养提出了很高的要求。家庭教育事业的发展，家庭教育指导服务工作的开展，离不开家庭教育指导服务专业人才。

实践中，家庭教育指导服务工作力量主要存在两方面问题：一是从业人员专业化程度不高。当前我国家庭教育指导师职业资格认证尚处于起步阶段，专业人员数量还不多。各类家庭教育指导机构中兼职人员是主体，不少机构没有专职或聘任的指导服务人员。二是家庭教育指导从业人员缺乏系统的专业的培训，培训工作缺乏有效统筹。虽然省一级的管理机构在推进培训工作，但培训能力有限，多数培训基本上是短期培训班，没有固定的教材和稳定的师资队伍。培训缺乏政策保障，培训的内容、形式、时间等缺乏国家标准。此外，培训的管理也存在盲区，对培训机构的资质、收费等方面缺乏管理和约束机制。因此，本条专门对家庭教育指导服务专业人才队伍建设作出要求。

◆ **条文解读**

一、建立家庭教育指导服务专业队伍

县级以上地方人民政府要采取措施合理配置人才资源，组织建设高素质专业化的家庭教育指导服务专业人才队伍，培养家庭教育指导骨干力量，形成专兼结合、具备指导能力的家庭教育指导工作队伍，家庭教育指导专业人才的数量、结构和素质基本满足本地区家庭教育事业发展的需要。各地要提升指导服务队伍专业化水平，发展壮大家庭教育专职工作者队伍、专家队伍、志愿者队伍、“五老”队伍。

二、加强对专业人员的培养

县级以上地方人民政府及其有关部门要进一步制定家庭教育指导者专业标准和培训规划，合理统筹学习培训工作，要按照2019年修订的《全国家庭教育指导大纲》的要求，对本地区的家庭教育指导者、家庭教育工作骨干、中小学幼儿园教师、托育服务机构工作人员等加强系统化的专业知识培训，提升家庭教育指导服务队伍的专业化水平，提高家庭教育指导服务能力。要依托有条件的高校、研究机构或互联网平台等，建立家庭教育指导者培训基地，开发适合本地区实际的培训课程，科学系统培训家庭教育指导服务队伍。要建立上下贯通的职业发展机制，支持和引导高校毕业生加入到家庭教育指导专业人才队伍，可以对在乡村工作的家庭教育指导人员实行优惠待遇，对长期在乡村工作的家庭教育指导专业在职称评定等方面给予适当优待等，以解决中西部、农村地区人群家庭教育知识缺失、家庭教育指导服务跟不上的问题。

目前，一些地方已经在探索开展家庭教育指导人才培训工作，如《湖北省家庭教育促进条例》第十二条规定，县级以上人民政府应当组织本级妇女联合会和教育行政、卫生健康、人力资源和社会保障等主管部门，开展家庭教育指导人才培训，建设专业的家庭教育指导工作队伍。《江苏省家庭教育促进条例》第二十一条规定，教育部门应当将家庭教育指导纳入教师和教育管理人员培训计划，推动高等教育机构加强家庭教育专业学科建设和科学研究，培养家庭教育指导专门人才。《重庆市家庭教育促进条例》第三十五条明确要求，市、区县（自治县）人民政府应当建立家庭教育培训制度，制定家庭教育人才培训计划，组织编制家庭教育培训教材，培养家庭教育专门人才。以上措施是加强家庭教育指导服务人才队伍建设的有效途径。

三、鼓励社会工作者、志愿者参与相关工作

县级以上地方人民政府及其有关部门要加大推进政府购买家庭教育公共服务的力度，积极搭建社会组织服务平台，加强家庭教育指导的专业社会组织的培育与孵化，可以采取政府补贴、奖励激励、购买服务等扶持措施，培育非营利性家庭教育服务机构和专业的社会组织，鼓励其依法依规开展家庭教育指导服务和家庭教育服务工作，可以以项目制的方式开展培训与资源整合，鼓励城市社区和有条件的农村社区（村）家庭教育指导服务站点引入专业社会工作者，进驻社区开展家庭教育指导，让家长享受到家门口的专业家庭教育指导与咨询。鼓励相关社会组织为未成年人和家庭提供常态化、规范化的家庭教育指导服务。鼓励具有家庭教育经验的家长和相关专业人员作为志愿者参与家庭教育指导服务工作，充实家庭教育指导服务人才队伍。目前，我国70%的社区开展了家庭教育志愿服务。

◆ **相关规定**

《中华人民共和国家庭教育促进法》第十一条；《湖北省家庭教育促进条例》第十二条；《江苏省家庭教育促进条例》第二十一条；《重庆市家庭教育促进条例》第三十五条

第二十八条　县级以上地方人民政府可以结合当地实际情况和需要，通过多种途径和方式确定家庭教育指导机构。

家庭教育指导机构对辖区内社区家长学校、学校家长学校及其他家庭教育指导服务站点进行指导，同时开展家庭教育研究、服务人员队伍建设和培训、公共服务产品研发。

◆ 条文主旨

本条是关于设立家庭教育指导机构的规定。

◆ 立法背景

家庭教育指导机构是由地方人民政府根据本地实际设立的家庭教育指导服务机构，旨在协助教育行政部门、妇女联合会统筹指导本行政区域内家庭教育指导服务站点、开发家庭教育指导服务资源、服务有需求的家庭。当前，全国有社区家长学校 37 万所，学校家长学校 34 万所，网上家长学校 2 万个、新媒体服务平台 2.2 万个，这些家庭教育指导服务站点是为家长提供家庭教育指导服务的主要阵地，但由于自身能力和资源有限，它们在专业人员配备、课程设计、教材开发、服务困难家庭等方面较为薄弱，影响了指导服务的实效性。针对这一突出问题，实践中多地探索设立了家庭教育指导机构，为家庭教育指导服务站点“输血”，取得了良好成效。如中山市于 2011 年成立家庭教育指导服务中心，属中山市妇联主管的一类公益事业单位，主要职责包括：第一，宣传普及科学的家庭教育知识和方法，指导规范全市家庭教育工作；第二，指导各类家长学校，组织实施对家长学校的评估考核、表彰和培育先进典型；第三，组织开展家庭教育实践活动，开展家庭教育调查研究；第四，培养家庭教育工作队伍，编印家庭教育教材读本；第五，开展特殊困境家庭的家庭教育支持。本法将已有的成功经验上升为法律制度，明确规定由县级以上人民政府确定家庭教育指导机构。

◆ 条文解读

一、确定家庭教育指导机构

本条规定，县级以上地方人民政府可以结合当地实际情况和需要，通过多种途径和方式确定家庭教育指导机构。可以从以下几个方面理解该规定：

第一，家庭教育指导机构由县级以上地方人民政府确定。规定由政府确定家庭教育指导机构，有几点考虑：一是因为家庭教育工作需要政府的推动和支持，二是由政府确定家庭教育指导机构，有利于统筹协调各方资源支持家庭教育指导机构开展工作。

第二，结合当地实际情况和需要确定。确定家庭教育指导机构，不是“一刀切”地要求县级以上地方人民政府必须设立，而是可以根据当地实际情况和需要设立。这主要是考虑到各地实际情况不同，家庭教育指导机构的确定应当因地制宜，避免给政府造成过重负担。

第三，通过多种途径和方式确定家庭教育指导机构。目前，地方开展家庭教育工作的基础和模式不尽相同，家庭教育指导机构的运作模式也不同，有的地方是专门设立事业单位性质的机构，有的地方是依托高等院校作为家庭教育指导服务机构，有的地方则是通过政府购买服务的形式确定社会组织承担家庭教育指导机构职责。本条规定政府通过多种途径和方式确定家庭教育指导机构，有利于各地结合实际情况采取灵活多样的措施开展相关工作。

二、家庭教育指导机构的职责

家庭教育指导机构作为本行政区域内家庭教育指导服务站点的支持机构，承担两方面的主要职责：

一是统筹指导社区家长学校、学校家长学校及其他家庭教育指导服务站点，指导各类指导服务站点依据指导大纲、工作规范有序开展家庭教育指导服务。家庭教育指导服务机构有较多的专业人员和其他资源，一方面该机构可以直接为群众提供家庭教育指导服务，另一方面可以依托社区家长学校、学校家长学校开展家庭教育指导服务，家庭教育指导服务机构为这些站点提供专业支持等。

二是开发家庭教育指导服务资源，为家庭教育指导服务站点提供科研、人才、服务产品等支持。具体包括统筹开展家庭教育研究、服务人员队伍建设和培训、公共服务产品研发等。

第二十九条 家庭教育指导机构应当及时向有需求的家庭提供服务。

对于父母或者其他监护人履行家庭教育责任存在一定困难的家庭，家庭教育指导机构应当根据具体情况，与相关部门协作配合，提供有针对性的服务。

◆ 条文主旨

本条是关于家庭教育指导机构提供服务的规定。

◆ 立法背景

家庭教育指导服务具有公益性和普惠性，不仅应面向所有家庭，还应关注有特殊需要的家庭，向他们提供有针对性的指导服务。家庭教育指导机构作为政府设立的公益性机构，有能力也有责任承担服务有需求家庭的职责。

◆ **条文解读**

一、向有需求的家庭提供服务

根据《全国家庭教育指导大纲》的规定，有需求的家庭包括特殊家庭和特殊儿童家庭，具体涵盖离异家庭和重组家庭、农村留守儿童家庭、流动人口家庭、服刑人员家庭、智力障碍儿童家庭、听力障碍儿童家庭、视觉障碍儿童家庭、肢体残障儿童家庭、精神心理障碍儿童家庭、智优儿童家庭等。家庭教育指导机构应当根据《全国家庭教育指导大纲》的指引向他们提供有针对性的专业指导。

二、向履行家庭教育责任存在困难的家庭提供服务

根据《中华人民共和国民法典》第三十四条第四款和《中华人民共和国未成年人保护法》第九十二条第三款的规定，监护人因自身客观原因或者因发生自然灾害、事故灾难、公共卫生事件等突发事件不能履行监护职责，导致未成年人监护缺失的，被监护人住所地的居民委员会、村民委员会或者民政部门应当承担临时监护责任。《中华人民共和国未成年人保护法》第九十三条规定，对临时监护的未成年人，民政部门可以采取委托亲属抚养、家庭寄养等方式进行安置，也可以交由未成年人救助保护机构或者儿童福利机构进行收留、抚养。临时监护期间，经民政部门评估，监护人重新具备履行监护职责条件的，民政部门可以将未成年人送回监护人抚养。本法与民法典和未成年人保护法的规定相衔接，规定针对存在上述情形的履行家庭教育责任存在一定困难的家庭，家庭教育指导机构应当根据具体情况，与居民委员会、村民委员会、民政部门等协作配合，对履行临时监护职责的亲属、寄养家庭开展家庭教育指导，引导其关注未成年人的身心健康状况，加强关爱沟通。在临时监护结束未成年人被送回监护人抚养后，对监护人开展家庭教育指导，引导其加强亲情关爱。

第三十条 设区的市、县、乡级人民政府应当结合当地实际采取措施，对留守未成年人和困境未成年人家庭建档立卡，提供生活帮扶、创业就业支持等关爱服务，为留守未成年人和困境未成年人的父母或者其他监护人实施家庭教育创造条件。

教育行政部门、妇女联合会应当采取有针对性的措施，为留守未成年人和困境未成年人的父母或者其他监护人实施家庭教育提供服务，引导其积极关注未成年人身心健康状况、加强亲情关爱。

◆ 条文主旨

本条是关于对留守、困境未成年人家庭提供支持的规定。

◆ 立法背景

留守未成年人是指父母双方外出务工或一方外出务工另一方无监护能力的未成年人。由于父母长期在外，与未成年子女长时间分离，不能亲自抚养、教育和保护子女，难以实施有效的家庭教育，造成留守未成年人亲情和家庭教育的缺失，对其成长带来了不利影响。困境未成年人包括因家庭贫困导致生活、就医、就学等困难的儿童，因自身残疾导致康复、照料、护理和社会融入等困难的儿童，以及因家庭监护缺失或监护不当遭受虐待、遗弃、意外伤害、不法侵害等导致人身安全受到威胁或侵害的儿童。困境未成年人因家庭经济贫困、自身残疾、缺乏有效监护等原因，在生活照料、安全保护、亲情呵护、心理健康、行为养成和家庭教育等方面面临困境，是亟须妥善解决的突出问题。

本法审议的过程中，有的常委委员提出，留守儿童和困境儿童的家庭教育面临较多困难，应当对这些未成年人的家庭加大支持力度，提供更多帮助。宪法和法律委员会经研究，建议在法律案中增加这方面的内容。

◆ 条文解读

一、政府为监护人实施家庭教育创造条件

根据本条第一款的规定，设区的市、县、乡级人民政府应当结合当地实际采取措施，对留守未成年人和困境未成年人家庭建档立卡，提供生活帮扶、创业就业支持等关爱服务，帮助留守未成年人和困境未成年人改善家庭成长环境，从源头上落实家庭监护、增强家庭功能，为留守未成年人和困境未成年人的父母或者其他监护人实施家庭教育创造条件，促进其身心健康成长。

《儿童权利公约》指出，家庭作为社会的基本单元，作为家庭所有成员特别是儿童的成长和幸福的自然环境，应获得必要的保护和协助，以充分负起它在社会上的责任。根据该公约规定，国家应承担儿童权益保障的全局责任，包括：一是普遍责任。国家须确保儿童享有其幸福所必需的保护和照料，采取一切适当的立法和行政措施规范父母、法定监护人或其他责任个体的权利和义务，并确保有关机构、服务部门及设施符合主管当局规定的标准。二是兜底责任。国家应最大限度地确保儿童的存活与发展，并有责任采取一切适当的立法、行政和其他措施为困境儿童提供所需的救济、保护和保障。国务院于2016年先后出台《关于加强农村

留守儿童关爱保护工作的意见》和《关于加强困境儿童保障工作的意见》，拓宽了国家在未成年人保护中的责任，将因各种原因导致家庭无法给予充分保障而处于困境中的儿童均纳入了国家应当提供福利支持的范围。根据新修订的未成年人保护法，国家采取措施指导、支持、帮助和监督未成年人的父母或者其他监护人履行监护职责；国家通过设立专门机构或者指定专门人员，设置委托照护制度，建立留守未成年学生、困境未成年学生的信息档案，开展家庭教育指导服务，发展托育、学前教育事业，保障完成义务教育，提供卫生保健服务，对困境未成年人实施分类保障等多种方式，指导、支持、帮助未成年人的父母或者其他监护人履行监护职责。本条在上述规定的基础上，进一步要求从源头上为留守儿童家庭和困境儿童家庭提供支持，帮助其增强家庭功能，使得留守未成年人和困境未成年人的父母或者其他监护人有条件对未成年人实施有效的家庭教育。

一是，要为留守未成年人和困境未成年人家庭建档立卡，建立留守未成年人、困境未成年人的信息档案。2016 年国务院印发《关于加强农村留守儿童关爱保护工作的意见》要求，村（居）民委员会要定期走访、全面排查，及时掌握农村留守儿童的家庭情况、监护情况、就学情况等基本信息。同年，国务院印发《关于加强困境儿童保障工作的意见》要求，村（居）民委员会要通过全面排查、定期走访及时掌握困境儿童家庭、监护、就学等基本情况，指导监督家庭依法履行抚养义务和监护职责。《中华人民共和国未成年人保护法》第四十三条规定了居民委员会、村民委员会应当设建立留守未成年人、困境未成年人的信息档案。为留守未成年人和困境未成年人家庭建档立卡，建立留守未成年人、困境未成年人的信息档案，是对未成年人进行关爱帮扶的前提和基础。居民委员会、村民委员会应当全面排查、掌握本辖区留守未成年人、困境未成年人的家庭情况、监护情况和就学情况等基本信息，做到一人一档，动态管理，精准帮扶。

二是，要提供生活帮扶、创业就业支持等关爱服务。设区的市、县、乡级人民政府应当结合当地实际采取措施，加强对留守未成年人家庭和困境未成年人家庭的关爱帮扶，提升家庭抚育和教育能力，帮助其解决实际困难。要为农民工家庭提供更多帮扶支持。各地要大力推进农民工市民化，为其监护照料未成年子女创造更好条件。符合落户条件的要有序推进其本人及家属落户。符合住房保障条件的要纳入保障范围，通过实物配租公共租赁住房或发放租赁补贴等方式，满足其家庭的基本居住需求。不符合上述条件的，要在生活居住、日间照料、义务教育、医疗卫生等方面提供帮助。倡导用工单位、社会组织和专业社会工作者、志愿者队伍等社会力量，为其照料未成年子女提供便利条件和更多帮助。公办义务教育学校要普遍对农民工未成年子女开放，要通过政府购买服务等方式支持农民工未成年子女接受义务教育；完善和落实符合条件的农民工子女在输入地参加中考、高考政策。如《重庆市家庭教育促进条例》第三十八条规定，市、区县（自治县）人民政府应当完善进城务工人员未成年子女入学、招生、住房等政策措施，保障未成年子女在父母务工地就近入（托）学、参加考试、居住。各地要引导扶持农民工返乡创业就业。各地要大力发展县域经济，落实国务院关于支持农民工返乡创业就业的一系列政策措施。中西部地区要充分发挥比较优势，积极承接东部地区产业转移，加快发展地方优势特色产业，加强基本公共服务，制定和落实财政、金融等优惠扶持政策，落实定向减税和普遍性降费政策，为农民工返乡创业就业提供便利条件。人力资源社会保障等有关部门要广泛宣传农民工返乡创业就业政策，加强农村劳动力的就业创业技能培训，对有意愿就业创业的，要有针对性地推荐用工岗位信息或创业项目信息。

其他具体的关爱帮扶措施还包括：做好日常保障工作；为农村留守儿童通过电话、视频等方式与父母联系提供便利；定期随访监护情况较差、失学辍学、无户籍以及患病、残疾等重点未成年人，协助提供监护指导、精神关怀、返校复学、落实户籍等关爱服务；对符合社会救助、社会福利政策的未成年人及家庭，告知具体内容及申请程序，并协助申请救助，支持配合相关部门和社会力量开展关爱服务活动等。乡镇人民政府（街道办事处）要为有关部门和社会力量参与留守未成年人、困境未成年人关爱保护工作提供支持；通过党员干部上门家访、驻村干部探访、专业社会工作者随访等方式，对重点对象进行核查，确保留守未成年人、困境未成年人得到妥善照料。居民委员会、村民委员会应当协助政府有关部门监督未成年人委托照护情况，发现被委托人缺乏照护能力、怠于履行照护职责等情况，应当及时向政府有关部门报告，并告知未成年人的父母或者其他监护人，帮助、督促被委托人履行照护职责。各级人民政府应当保障未成年人受教育的权利，并采取措施保障留守未成年人、困境未成年人、残疾未成年人接受义务教育。学校应当关心、爱护未成年学生，不得因家庭、身体、心理、学习能力等情况歧视学生。对家庭困难、身心有障碍的学生，应当提供关爱；对行为异常、学习有困难的学生，应当耐心帮助。

地方立法在向留守未成年人和困境未成年人家庭提供生活帮扶等关爱服务方面已经先试先行，如《安徽省家庭教育促进条例》第十八条规定，各级人民政府应当制定留守儿童关爱保护措施，组织开展针对留守儿童的关爱教育、心理辅导等活动。居民委员会、村民委员会应当通过电话、视频等方式为留守儿童与父母沟通互动提供便利；通过定期走访、全面排查，了解留守儿童委托照护情况，发现受委托人缺乏照护能力、不能有效履行照护职责的，应当及时通知留守儿童的父母，由其要求受委托人履行照护职责或者委托其他有监护能力的成年人代为照护。

二、教育行政部门、妇女联合会有针对性地提供服务

根据本条第二款的规定，教育行政部门、妇女联合会应当采取有针对性的措施，为留守未成年人和困境未成年人的父母或者其他监护人实施家庭教育提供服务，引导其积极关注未成年人身心健康状况、加强亲情关爱。

所谓有针对性的措施，即本法第二十九条规定的措施，即对于父母或者其他监护人履行家庭教育责任存在一定困难的家庭，家庭教育指导机构应当根据具体情况，与相关部门协作配合，提供有针对性的服务。如留守未成年人和困境未成年人自身的身心状况或者其家庭存在特殊情形，父母或者其他监护人履行家庭教育责任存在一定困难的，教育行政部门或者妇女联合会可以通过购买服务的方式，指派有关家庭教育指导机构或者家庭教育指导专业人员根据留守未成年人和困境未成年人自身的身心状况及其家庭存在特殊情形，帮助家长了解国家对留守未成年人和困境未成年人及相应家庭的支持政策，帮助并引导家长学会获取有关家庭支持的社会公共服务和福利，引导家长关注未成年人身心健康状况、加强亲情关爱、改善亲子关系，引导家长接受未成年人的身心状况及家庭现状并调整心态和合理期望等。

关于留守未成年人的家庭教育指导。指导留守未成年人家长增强父母是家庭教育和儿童监护责任主体的意识，依法依规履行家长义务，承担起对留守未成年人监护和抚养教育的责任，确保留守未成年人得到妥善监护照料、亲情关爱和家庭温暖。让家长了解陪伴对于未成年人成长的价值，劝导家长尽量有一方在家照顾孩子，有条件的家长尤其是0—3岁未成年人母亲要把未成年人带在身边，尽可能保证未成年人早期身心呵护、母乳喂养的正常进行。指导留守未成年人家长或被委托照护人重视未成年人教育，多与未成年人交流沟通，对未成年人的道德发展和精神需求给予充分关注。

关于困境未成年人的家庭教育指导。困境未成年人可能是因自身残疾导致康复、照料、护理和社会融入等困难的儿童，也可能是因家庭监护缺失或监护不当遭受虐待、遗弃、意外伤害、不法侵害等导致人身安全受到威胁或侵害的儿童，其家庭情形可能属于经济困难，也可能存在单亲、离异、重组、收养、曾遭受违法犯罪侵害的情形，或者属于残疾人家庭、留守未成年人家庭、流动人口家庭、强制戒毒人员家庭、服刑人员家庭以及其他父母长期分离家庭等。家庭教育指导服务机构应当根据具体情况，与教育行政部门、妇联、公检法等相关单位协作配合，提供有针对性的家庭教育指导服务。具备条件的，可以入户开展家庭教育指导服务。如《安徽省家庭教育促进条例》关于为留守未成年人和困境未成年人的父母或者其他监护人实施家庭教育有针对性地提供服务作出了规定，其第十七条规定，县级以上人民政府应当建立特殊困境未成年人关爱救助机制，组织民政、教育、卫生健康等部门，为留守、流动、贫困、重病、残疾等未成年人提供家庭教育帮扶和指导。各级人民政府应当根据流浪乞讨或者离家出走的未成年人、有不良行为的未成年人、服刑或者强制隔离戒毒人员的未成年子女等群体的特点和需要，在家庭教育方面提供必要帮助。

各级人民政府要特别关心留守未成年人、困境未成年人，鼓励和支持各类社会组织发挥自身优势，以城乡儿童活动场所为载体，广泛开展适合留守未成年人、困境未成年人特点和需求的家庭教育指导服务和关爱帮扶。倡导企业履行社会责任，支持志愿者开展志愿服务，引导社会各界共同参与，逐步培育形成家庭教育社会支持体系。如《安徽省家庭教育促进条例》第十八条规定，鼓励和支持新时代文明实践中心等引导和组织志愿者对留守儿童进行思想道德教育，关心关爱留守儿童。

◆ **相关规定**

《联合国儿童权利公约》；《中华人民共和国未成年人保护法》第七条、第二十二条、第二十九条、第四十三条、第八十二条、第八十三条、第九十一条；《关于加强农村留守儿童关爱保护工作的意见》；《关于加强困境儿童保障工作的意见》；《重庆市家庭教育促进条例》第三十八条；《安徽省家庭教育促进条例》第十七条、第十八条

第三十一条 家庭教育指导机构开展家庭教育指导服务活动，不得组织或者变相组织营利性教育培训。

◆ **条文主旨**

本条是关于家庭教育指导机构不得组织或者变相组织营利性教育培训的规定。

◆ **立法背景**

目前，各地的家庭教育指导机构及其服务站点的设置与运行尚处于起始探索阶段，其机构性质、职责任务、经费编制等具有很多的不确定性。其中，一些民办的家庭教育指导服务站点基本处于自然发展的状态，鱼龙混杂，良莠不齐的现象较为普遍。一些地方的家庭教育指导服务站点，在承担面向家长的家庭教育指导服务工作的同时，为了解决自身的生存问题，也会面向周边社区的未成年人提供一些有偿的教育培训服务。本法立法过程中，

正值中共中央办公厅、国务院办公厅印发《关于进一步减轻义务教育阶段学生作业负担和校外培训负担的意见》。有的意见提出，对家庭教育指导服务机构开展的教育培训服务应当有必要限制。为了贯彻落实中央关于“双减”工作的重要部署，本法采纳了上述建议，在法律案中增加规定“家庭教育指导机构开展家庭教育指导服务活动，不得组织或者变相组织营利性教育培训”。

◆ **条文解读**

一、家庭教育指导机构的公共服务职能

2011 年国务院印发的《中国儿童发展纲要（2011—2020 年）》明确提出，将家庭教育指导服务纳入城乡公共服务体系。普遍建立各级家庭教育指导机构，90%的城市社区和 80%的行政村建立家长学校或家庭教育指导服务点。加大公共财政对家庭教育指导服务体系建设的投入，基本建成适应城乡发展的家庭教育指导服务体系。2019 年，中共中央《关于坚持和完善中国特色社会主义制度、推进国家治理体系和治理能力现代化若干重大问题的决定》再次强调，构建覆盖城乡的家庭教育指导服务体系。2021 年国务院印发《中国儿童发展纲要通知（2021—2030 年）》再次强调，覆盖城乡的家庭教育指导服务体系基本建成，指导服务能力进一步提升；95%的城市社区和 85%的农村社区（村）建立家长学校或家庭教育指导服务站点；构建覆盖城乡的家庭教育指导服务体系。这些都表明国家从顶层设计的角度将家庭教育指导服务纳入城乡公共服务体系，这就使家庭教育指导成为政府提供、惠及全民的一项公共服务产品。本法第七条明确规定，县级以上人民政府应当制定家庭教育工作专项规划，将家庭教育指导服务纳入城乡公共服务体系和政府购买服务目录，将相关经费列入财政预算，鼓励和支持以政府购买服务的方式提供家庭教育指导。本法第二十八条则对家庭教育指导机构的设置和基本职能作了规定，即：县级以上地方人民政府可以结合当地实际情况和需要，通过多种途径和方式确定家庭教育指导机构。根据本法有关规定，家庭教育指导机构承担的家庭教育指导公共服务职能的主要体现为：对辖区内社区家长学校、学校家长学校及其他家庭教育指导服务站点进行专业性的业务指导，组织相关专业人员开展家庭教育理论研究、指导业务研究、家庭教育指导公共服务产品研发，加强对辖区内的家庭教育服务机构服务人员队伍建设，并对其进行业务培训以提升其业务能力和服务质量。综上，家庭教育指导机构依法承担了政府向社会公众提供家庭教育指导的公共服务职能。

二、不得组织或者变相组织营利性教育培训

根据本条规定，家庭教育指导机构开展家庭教育指导服务活动，不得组织或者变相组织营利性教育培训。家庭教育指导机构承担的公共服务职能，体现了国家意志，应当充分体现公共服务的公平性和公益性。由于家庭教育指导机构的职能主要体现为业务指导或者业务培训，如果其同时开展营利性的关于家庭教育指导服务业务的教育培训活动，则会与其公益性的家庭教育指导公共服务职能相冲突，因此不适宜同时再向社会公众开展营利性的教育培训，更不能变相向未成年人开展各类营利性的教育培训，特别是违反国家“双减”政策精神的学科类教育培训。

社区家长学校、学校家长学校及其他家庭教育指导服务站点是具体实施家庭教育指导服务的主要阵地。据有关调查显示，中小学、幼儿园设置家长学校的比率超过 75%；在家长接受指导的各种渠道中，约 60%的 3 岁以上儿童家长反映指导主要来自托幼机构与中小学，约 40%的 1—3 岁儿童家长反映指导主要来自托幼机构及教育系统的早教中心，可见，幼儿园、中小学等是家长接受指导的主要渠道。目前，全国已经建立约5000家省市指导中心和4.8万所社区家长学校，超过70%的社区建立了家庭教育志愿服务，也是重要的家庭教育指导阵地。此外，网上家长学校等社会组织机构已经可以成为家庭教育指导体系建设的重要指导服务阵地和信息平台。而社区家长学校、学校家长学校及其他家庭教育指导服务站点作为家庭教育指导服务的实际实施主体，也不适宜提供营利性的教育培训。

所谓营利性，一般而言，是以营利为目的，即以取得利润并分配给举办者、出资人或者有关成员为目的。区别营利性和非营利性，不是看是否取得利润，而是看利润是否分配给举办者、出资人或者有关成员。实践中，一些家庭教育指导机构将举办教育培训取得的利润以不合理的方式作为薪资分配给单位高管或者员工，这应当视为变相地以营利为目的。当然，家庭教育指导机构面向社会公众开展家庭教育指导业务培训，适当收取一定费用，用于开办培训班的成本支持或者维持本单位的基本运营支出，只要不是以营利或者变相以营利为目的，本法是不禁止的。

◆ **相关规定**

《中国儿童发展纲要（2011—2020年）》；《中国儿童发展纲要（2021—2030年）》

第三十二条　婚姻登记机构和收养登记机构应当通过现场咨询辅导、播放宣传教育片等形式，向办理婚姻登记、收养登记的当事人宣传家庭教育知识，提供家庭教育指导。

◆ 条文主旨

本条是关于婚姻登记机构和收养登记机构家庭教育指导工作的规定。

◆ 立法背景

家庭教育是以家庭为载体，对未成年人实施的教育影响，通常是在家庭生活中发生的以亲子关系为中心的，由家长（主要指父母或者其他监护人）对其子女或者其他年幼者实施的教育和影响。父母或者其他监护人作为家庭教育的实施主体，对家庭教育的过程和内容等起决定性的主导作用，对未成年人的身心健康成长和全面发展起关键作用。未成年人的父母或者其他监护人应当自觉学习家庭教育知识，树立正确的家庭教育理念，掌握科学的家庭教育方法，提高家庭教育的能力，以适应未成年人身心发展的需要。而对于即将建立婚姻关系或者收养关系的未来的父母或者监护人，也需要进行适当的婚姻家庭辅导，学习以成熟理智的方式做好进入婚姻状态或者开启收养家庭生活的准备、处理婚姻家庭冲突、建立亲子关系和处理亲子教育等。因此，本条对婚姻登记机构和收养登记机构家庭教育指导工作作了规定。

◆ 条文解读

一、婚姻登记机构和收养登记机构的工作职责

未成年人的身心健康成长需要良好、和睦、文明的家庭环境。未成年人成长过程中的大部分时间其实是在家庭中度过的，其语言文字学习、心理思想态度、行为举止习惯的养成都受到家庭环境的熏陶和感染。家庭是孩子生活的第一环境，孩子真正的“启蒙教师”是自己的父母，在孩子的眼中最常见到的是父母，父母的言行正表达着他们自己的人生态度，并被孩子无条件认定和模仿。因此，家庭环境对未成年人的身心健康成长起到很大的影响作用。《中华人民共和国民法典》第一千零四十三条规定，家庭应当树立优良家风，弘扬家庭美德，重视家庭文明建设。夫妻应当互相忠实，互相尊重，互相关爱；家庭成员应当敬老爱幼，互相帮助，维护平等、和睦、文明的婚姻家庭关系。《中华人民共和国未成年人保护法》第十五条规定，未成年人的父母或者其他监护人应当学习家庭教育知识，接受家庭教育指导，创造良好、和睦、文明的家庭环境。婚姻家庭和谐稳定事关未成年人的身心健康成长，事关民生幸福和社会稳定。本法第十五条在上述规定的基础上进一步强调，未成年人的父母或者其他监护人及其他家庭成员应当注重家庭建设，培育积极健康的家庭文化，树立和传承优良家风，弘扬中华民族家庭美德，共同构建文明、和睦的家庭关系，为未成年人健康成长营造良好的家庭环境。在婚姻关系的缔结、解除，收养关系的建立和解除的关键节点，当事人作为未成年人的父母、监护人或者未来父母，应当对家庭环境对孩子的影响作用有清晰和正确的认识，在处理婚姻家庭关系时，应当考虑孩子身心健康成长的需要，为孩子未来生活做出适当的安排，使孩子能得到有效的家庭教育。为了促进未成年人的身心健康成长，本法对婚姻登记机构和收养机构的家庭教育指导工作作出规定，要求其在从事结婚登记、离婚登记、收养登记或者解除收养登记工作时，向当事人提供必要的家庭教育指导，以帮助其理性处理婚姻家庭关系和孩子的家庭教育问题。根据本条的规定，婚姻登记机构和收养登记机构应当通过现场咨询辅导、播放宣传教育片等形式，向办理婚姻登记、收养登记的当事人宣传家庭教育知识，提供家庭教育指导。

二、开展家庭教育指导工作的具体做法

随着社会的快速发展，在婚姻家庭领域也存在一些新问题（恋爱挫折、婚姻动荡、离婚率上升、家庭暴力、青少年成长危机、老无所依等)，给一些家庭带来了困惑和痛苦。婚姻是家庭的纽带，家庭是社会的细胞，和谐婚姻家庭是和谐社会的重要基础，婚姻家庭和谐事关民生幸福和社会稳定。近年来，民政部要求各级民政部门从广大人民群众的利益出发，切实增强责任感和使命感，推动开展婚姻家庭辅导工作，加强对婚姻当事人的辅导，维护婚姻家庭和谐稳定，以从源头上减少婚姻家庭纠纷的产生。婚姻家庭辅导指民政部门为促进家庭和睦和社会和谐，在婚姻登记机关设立婚姻家庭辅导室，为有需求的当事人免费提供一对一的法律咨询、情感辅导、心理疏导、纠纷处理、婚前教育、离婚劝导、家庭教育指导等婚姻家庭关系调适方面的服务。婚姻家庭辅导工作的意义在于帮助当事人以成熟的方式去发展恋情和经营婚姻；为处于冲突或危机状态的夫妻和家庭提供情感危机应对或家庭冲突处理等咨询与辅导，帮助当事人解决各种婚姻家庭冲突，减少盲目冲动离婚现象，促进家庭和社会和谐；为发生冲突或办理离婚的夫妻提供心理疏导，减少当事人心理不适状况，帮助当事人自我调适、重建信心；为父母提供自我教育及亲子教育咨询与辅导服务，促进父母成长及家庭中孩子的健康成长。民政部2015年修订了《婚姻登记工作规范》，其中第二十一条规定，婚姻登记处可以设立婚姻家庭辅导室，通过政府购买服务或公开招募志愿者等方式聘用婚姻家庭辅导员，并在坚持群众自愿的前提下，开展婚姻家庭辅导服务；婚姻家庭辅导员应当具备以下资格之一：1. 社会工作师；2. 心理咨询师；3. 律师；4. 其他相应专业资格。2020年，民政部、全国妇联印发《关于加强新时代婚姻家庭辅导教育工作的指导意见》。文件指出，要以习近平新时代中国特色社会主义思想为指导，全面贯彻党的十九大和十九届二中、三中、四中全会精神，以社会主义核心价值观为引领，以传承中华优秀婚姻家庭文化为重点，以创新服务供给方式为途径，发挥家庭家教家风的重要作用，不断加强和改进婚姻家庭辅导教育工作，有效提高群众营造幸福婚姻、建设美满家庭的能力，引导建立和维护平等、和睦、文明的婚姻家庭关系。文件要求深化婚姻家庭关系调适和离婚辅导。县级以上婚姻登记机关要设置婚姻家庭辅导室（婚姻家庭纠纷调解室）和社会工作专业岗位，引入社会工作专业力量，为有需求的当事人提供情感沟通、心理疏导、关系修复、纠纷调解等服务。探索离婚冷静期内对当事人开展婚姻危机干预的有效方法和措施。支持开展婚姻家庭社会工作服务，面向社区积极开展亲子教育、防家暴教育、生活减压和社会支持等预防性专业服务。要积极应用“互联网+”服务模式，开展婚姻家庭“云辅导”，扩大服务范围，延伸辅导内容。要创新宣传引导方式方法，善于用身边人、身边事、身边榜样来实现净化社会风气、教育家庭，不断促进家庭和社会的和谐稳定。文件强调要注重家庭家教家风建设，推动社会主义核心价值观在家庭落地生根，引导广大家庭培养爱国爱家的家国情怀，建设相亲相爱的家庭关系，培育向上向善的家庭美德，体现共建共享的家庭追求，以家庭和谐促进社会和谐。依托城乡社区家长学校等家庭教育指导服务站点，开展家庭教育支持服务，帮助广大家长坚持立德树人、注重自身修养，以身作则、言传身教，为孩子健康成长营造良好的家庭环境。2021年民政部、国家发改委印发《“十四五”民政事业发展规划》，其中明确要求加强婚前指导、婚前保健、婚姻家庭关系调适和离婚辅导，减少婚姻家庭纠纷，实现婚姻家庭辅导室（婚姻家庭纠纷调解室）在县级以上婚姻登记机关覆盖率达到80%。地方立法在这一方面已经开始先行先试，如《湖北省家庭教育促进条例》第三十八条规定，婚姻登记机关应当设立婚姻家庭辅导室，对办理结婚、离婚登记的申请人提供婚姻家庭辅导服务，宣传婚姻家庭文化、家庭责任、家庭教育知识等。

关于收养机构家庭教育指导工作,《安徽省家庭教育促进条例》第四十条明确要求,儿童福利机构应当做好本机构收养儿童的家庭教育工作,并对收养和寄养儿童家庭提供家庭教育指导。

◆ **相关规定**

《中华人民共和国民法典》第一千零四十三条;《中华人民共和国未成年人保护法》第十五条;《中华人民共和国家庭教育促进法》第十五条

第三十三条 儿童福利机构、未成年人救助保护机构应当对本机构安排的寄养家庭、接受救助保护的未成年人的父母或者其他监护人提供家庭教育指导。

◆ **条文主旨**

本条是关于儿童福利机构、未成年人救助保护机构提供家庭教育指导的义务性规定。

◆ **立法背景**

未成年人保护法规定,未成年人具有流浪乞讨或者身份不明暂时查找不到父母或者其他监护人等情形的,民政部门应当承担临时监护责任;对于没有人可以担任监护人的未成年人,民政部门应当承担长期监护责任。儿童福利机构和未成年人救助保护机构一般是由民政部门设立,专门负责收留抚养由民政部门担任临时或者长期监护人的未成年人。其中,儿童福利机构对收留抚养对象中的孤儿、查找不到生父母的弃婴和儿童,可以采取将其委托在符合条件的家庭中养育的照料模式。2014 年 9 月民政部发布《家庭寄养管理办法》规定,寄养家庭负有对未成年人进行抚养和教育的义务，儿童福利机构负责对寄养家庭中的主要照料人员进行培训，组织寄养工作经验交流活动等。因此，对寄养家庭提供家庭教育指导，本身即是儿童福利机构承担的主要职责之一，此举能够有效地帮助寄养家庭更好地履行抚养教育义务。未成年人救助保护机构收留抚养的对象包括：生活无着的流浪乞讨、遭受监护侵害、暂时无人监护等未成年人。上述未成年人的父母或者其他监护人往往欠缺家庭教育意识和能力，对其提供有针对性的家庭教育指导，能够提高父母或者其他监护人科学合理进行家庭教育的能力和水平，对于保护未成年人合法权益具有积极意义。

◆ 条文解读

一、儿童福利机构提供家庭教育指导

根据 2018 年 10 月民政部印发的《儿童福利机构管理办法》规定，儿童福利机构是指民政部门设立的，主要收留抚养由民政部门担任监护人的未满 18 周岁儿童的机构；儿童福利机构包括按照事业单位法人登记的儿童福利院、设有儿童部的社会福利院等。儿童福利机构对其收留抚养的未成年人，可以根据情况采取家庭寄养的照料模式。根据 2014 年 9 月民政部发布的《家庭寄养管理办法》规定，家庭寄养是指儿童福利机构经过规定的程序，将民政部门监护的儿童委托在符合条件的家庭中养育的照料模式。寄养的对象为未满 18 周岁、监护权在县级以上地方人民政府民政部门的孤儿、查找不到生父母的弃婴和儿童；但需要长期依靠医疗康复、特殊教育等专业技术照料的重度残疾儿童，不宜安排家庭寄养。家庭寄养关系的确立，应当经过申请、评估、审核、培训、签约等程序。

《家庭寄养管理办法》还对寄养家庭应当履行的义务和儿童福利机构应当承担的职责作了明确规定。其中，寄养家庭应当履行

的义务，包括：（一）保障寄养儿童人身安全，尊重寄养儿童人格尊严；（二）为寄养儿童提供生活照料，满足日常营养需要，帮助其提高生活自理能力；（三）培养寄养儿童健康的心理素质，树立良好的思想道德观念；（四）按照国家规定安排寄养儿童接受学龄前教育和义务教育。负责与学校沟通，配合学校做好寄养儿童的学校教育；（五）对患病的寄养儿童及时安排医治。寄养儿童发生急症、重症等情况时，应当及时进行医治，并向儿童福利机构报告；（六）配合儿童福利机构为寄养的残疾儿童提供辅助矫治、肢体功能康复训练、聋儿语言康复训练等方面的服务；（七）配合儿童福利机构做好寄养儿童的送养工作；（八）定期向儿童福利机构反映寄养儿童的成长状况，并接受其探访、培训、监督和指导；（九）及时向儿童福利机构报告家庭住所变更情况；（十）保障寄养儿童应予保障的其他权益。儿童福利机构在家庭寄养工作中应当承担的职责，主要包括：（一）制定家庭寄养工作计划并组织实施；（二）负责寄养家庭的招募、调查、审核和签约；（三）培训寄养家庭中的主要照料人，组织寄养工作经验交流活动；（四）定期探访寄养儿童，及时处理存在的问题；（五）监督、评估寄养家庭的养育工作；（六）建立家庭寄养服务档案并妥善保管；（七）根据协议规定发放寄养儿童所需款物；（八）向主管民政部门及时反映家庭寄养工作情况并提出建议。

从上述规定可见，儿童福利机构本身即负有培训寄养家庭中的主要照料人，组织寄养工作经验交流活动，监督、评估寄养家庭的养育工作等职责。因此，本条对儿童福利机构向其安排的寄养家庭提供家庭教育指导的义务作了进一步强调，明确儿童福利机构应当对本机构安排的寄养家庭提供家庭教育指导，以此来增强寄养家庭对被寄养未成年人实施家庭教育的能力和水平，促进被寄养未成年人健康成长。

二、未成年人救助保护机构提供家庭教育指导

（一）未成年人救助保护机构及其主要职责

根据2019年4月民政部发布的《关于进一步健全农村留守儿童和困境儿童关爱服务体系的意见》规定，未成年人救助保护机构是指县级以上人民政府及其民政部门根据需要设立，对生活无着的流浪乞讨、遭受监护侵害、暂时无人监护等未成年人实施救助，承担临时监护责任，协助民政部门推进农村留守儿童和困境儿童关爱服务等工作的专门机构。未成年人救助保护机构包括：按照事业单位法人登记的未成年人保护中心、未成年人救助保护中心和设有未成年人救助保护科（室）的救助管理站。

未成年人救助保护机构的工作职责，主要包括：1. 负责对生活无着的流浪乞讨、遭受监护侵害、暂时无人监护等未成年人实施救助，承担临时监护责任。2. 负责定期分析评估本地区农村留守儿童关爱保护和困境儿童保障工作情况，有针对性地制定工作计划和工作方案。3. 负责为乡镇人民政府（街道办事处）、村（居）民委员会开展的监护监督等工作提供政策指导和技术支持，为乡镇人民政府（街道办事处）推进农村留守儿童关爱保护和困境儿童保障工作提供政策支持。4. 负责指导开展农村留守儿童和困境儿童基本信息摸底排查、登记建档和动态更新。5. 负责协调开通未成年人保护专线，协调推进监护评估、个案会商、服务转介、技术指导、精神关怀等线上线下服务，针对重点个案组织开展部门会商和帮扶救助。6. 负责组织或指导开展儿童督导员、儿童主任业务培训。7. 负责支持引进和培育儿童类社会组织、招募志愿者或发动其他社会力量参与农村留守儿童关爱保护和困境儿童保障工作，并为其开展工作提供便利。8. 负责组织开展农村留守儿童、困境儿童、散居孤儿等未成年人保护政策宣传。9. 负责对流浪儿童、困境儿童、农村留守儿童等未成年人依法申请、获

得法律援助提供支持。10. 负责协助司法部门打击拐卖儿童、对儿童实施家暴以及胁迫、诱骗或利用儿童乞讨等违法犯罪行为。

（二）提供家庭教育指导的必要性

从未成年人救助保护机构的救助对象看，接受救助的对象为生活无着的流浪乞讨、遭受监护侵害、暂时无人监护等未成年人，其中大部分属于农村留守未成年人和困境未成年人。相比于正常家庭，救助对象的父母或者其他监护人监护意识和能力欠缺，不履行或者不能正确履行监护职责，造成未成年人监护缺失或者侵害未成年人的情形发生，因此，需要由民政部门承担临时监护职责。但除部分被救助未成年人转由民政部门长期监护外，大部分未成年人会回归家庭生活，因此，非常有必要提升被救助未成年人的父母或者其他监护人履行包括家庭教育在内的监护职责的意识和能力，从而保护未成年人的健康成长。基于上述考虑，本条规定未成年人救助保护机构应当对接受救助保护的未成年人的父母或者其他监护人提供家庭教育指导。

◆ **相关规定**

《中华人民共和国未成年人保护法》第九十二条、第九十四条；《儿童福利机构管理办法》；《家庭寄养管理办法》；《关于进一步健全农村留守儿童和困境儿童关爱服务体系的意见》

第三十四条 人民法院在审理离婚案件时，应当对有未成年子女的夫妻双方提供家庭教育指导。

◆ **条文主旨**

本条是关于人民法院提供家庭教育指导的义务性规定。

◆ 立法背景

离婚在宣告夫妻双方婚姻关系解除的同时，也意味着一个家庭的解体。父母离婚，不可避免会对未成年子女产生影响，甚至会损害未成年子女的健康成长。因此，为切实保证离婚后，未成年子女能够接受良好的家庭教育，提升离婚父母对未成年子女进行家庭教育的意识和能力，本法除规定婚姻登记机构在为离婚父母办理离婚登记时应当宣传家庭教育知识、提供家庭教育指导外，本条又对人民法院为离婚夫妻双方提供家庭教育指导的义务作了规定。

◆ 条文解读

一、离婚不免除家庭教育责任

婚姻关系的解除，只是夫妻双方基于婚姻而存在的人身关系和财产关系归于消灭，但父母与子女之间的关系，不因父母离婚而消灭。《中华人民共和国民法典》第一千零八十四条明确规定，父母与子女间的关系，不因父母离婚而消除；离婚后，子女无论由父或者母直接抚养，仍是父母双方的子女；离婚后，父母对于子女仍有抚养、教育、保护的权利和义务。“抚养、教育、保护的权利和义务”主要包括：父母对未成年子女进行生活上的照料，保障未成年人接受义务教育，以适当的方式、方法管理和教育未成年人，保护未成年人的人身财产、财产不受侵害，促进未成年人身心健康发展等。家庭教育是父母对未成年人实施的道德品质、身体素质、生活技能、文化修养、行为习惯等方面的培育、引导和影响，父母对未成年子女实施家庭教育承担主体责任，这种责任当然也不因婚姻关系的解除而消灭。对此，基于民法典的规定，本法第二十条明确规定，未成年人的父母离异的，应当相互配合履行家庭教育责任，任何一方不得拒绝或者怠于履行；除法律另有规定外，不得阻碍另一方实施家庭教育。

二、人民法院提供家庭教育指导

夫妻离婚，不可避免会对未成年子女产生影响，甚至会损害未成年子女的健康成长。人民法院作为国家审判机关，家事审判是其重要工作职能之一。2018 年 7 月最高人民法院发布《关于进一步深化家事审判方式和工作机制改革的意见（试行）》提出，要充分发挥家事审判对婚姻关系的诊断、修复和治疗作用，弘扬文明进步的婚姻家庭伦理观念，推进家风建设和家庭美德建设；要充分发挥家事调查报告、心理疏导报告及大数据的应用，力求裁判标准客观化以及裁判文书法理与情理相结合。同时，还规定审理家事案件的法官，除法律知识外，还应当掌握一定社会学、教育学和心理学知识；家事审判合议庭组成人员应当至少有一名女性法官或者女性人民陪审员；人民法院要定期对从事家事案件审理工作的法官、法官助理、书记员、人民陪审员等进行审判业务、调解技能、心理学等方面的培训，加强家事案件审判人员司法能力建设；人民法院可以为法官配备特邀调解员、家事调查员、心理学专业人员等司法辅助人员，配合审理家事案件；人民法院可以会同妇联、司法行政、卫生等部门定期组织司法辅助人员参加培训，并进行考核。

2021 年 6 月国务院未成年人保护工作领导小组印发《关于加强未成年人保护工作的意见》明确提出，要强化家庭监护责任，加强家庭监护指导帮助，婚姻登记机关办理离婚登记及人民法院审理家事案件时涉及未成年子女的，要对当事人进行未成年人保护相关家庭教育指导。因此，本条对人民法院提供家庭教育指导的义务作了专门规定。按照本条规定，人民法院在审理离婚案件时，如果发现离婚夫妻有未成年子女的，应当对夫妻双方提供家庭教育指导。一方面使离婚夫妻认识到，离婚后，双方均应继续承担对未成年子女的家庭教育责任，任何一方不得拒绝或者怠于履行该项义务，也不能无故阻碍另一方实施家庭教育；另一方面应当结合夫妻双方和未成年子女的实际情况，对家庭教育的内容、如何正确实施家庭教育等进行有针对性的指导。

◆ **相关规定**

《中华人民共和国民法典》第一千零八十四条；《关于进一步深化家事审判方式和工作机制改革的意见（试行）》；《关于加强未成年人保护工作的意见》

第三十五条　妇女联合会发挥妇女在弘扬中华民族家庭美德、树立良好家风等方面的独特作用，宣传普及家庭教育知识，通过家庭教育指导机构、社区家长学校、文明家庭建设等多种渠道组织开展家庭教育实践活动，提供家庭教育指导服务。

◆ **条文主旨**

本条是关于妇女联合会开展家庭教育工作的规定。

◆ **立法背景**

习近平总书记在2013年同全国妇联新一届领导班子集体谈话时指出，要注重发挥妇女在弘扬中华民族家庭美德、树立良好家风方面的独特作用。2018年在同全国妇联新一届领导班子成员集体谈话时再次指出，做好家庭工作，发挥妇女在社会生活和家庭生活中的独特作用，是妇联组织服务大局、服务妇女的重要着力点。强调要注重家庭、注重家教、注重家风，认真研究家庭领域出现的新情况新问题，把推进家庭工作作为一项长期任务抓实抓好。本条从法律层面明确了妇联组织在家庭教育工作中的作用。

◆ 条文解读

一、发挥妇女的独特作用

习近平总书记指出："中国人一直赞美贤妻良母、相夫教子、勤俭持家，这些是中华民族传统优秀文化的重要组成部分。广大妇女要自觉肩负起尊老爱幼、教育子女的责任，在家庭美德建设中发挥作用，帮助孩子形成美好心灵，促使他们健康成长，长大后成为对国家和人民有用的人。"

国务院新闻办公室在《平等、发展、共享：新中国 70 年妇女事业的发展与进步》中指出，中国重视发挥妇女在弘扬家庭美德、树立良好家风方面的独特作用。从 20 世纪 50 年代全国城乡普遍开展的"五好家庭"评选活动，到改革开放后开展的具有鲜明时代特征的美好家庭、五好文明家庭、绿色家庭、平安家庭、和谐家庭、文明家庭等各类家庭文明建设活动，广大妇女积极响应参与，推动男女平等、夫妻和睦、尊老爱幼等家庭文化发展，倡导绿色环保、文明健康的生活方式，使家庭成为社会平安与和谐的起点，用榜样力量引领家庭见贤思齐、崇德向善，追求和谐平安的幸福生活。党的十八大以来，更加重视发挥家庭在传承美德、涵养家风、立德树人等方面的重要作用。2014 年，妇联组织开展寻找"最美家庭"活动以来，广大妇女踊跃参加，推动社会主义核心价值观在家庭落细落小落实，把家教家风家训送到千家万户，以好的家风支撑起好的社会风气。截至 2018 年底，累计 4.85 亿人次参与线上线下寻找"最美家庭"活动，涌现出各级各类"最美家庭"380 多万户。1997—2018 年，表彰全国"五好家庭"8800 多户。2016 年开始，各级工会女职工组织开展"培育好家风——女职工在行动"主题实践活动。2019 年，妇联组织启动实施"家家幸福安康工程"，积极回应广大妇女和亿万家庭新时代的新需求，以小家庭的和谐共建大社会的和谐，推动形成家家幸福安康的生动局面。

《中国妇女发展纲要（2021—2030 年）》提出，充分发挥妇女在家庭生活中的独特作用，弘扬中华民族家庭美德、树立良好家风，支持妇女成为幸福安康家庭的建设者、倡导者。鼓励支持妇女在家庭生活中发挥独特作用。深化实施“家家幸福安康工程”，鼓励妇女带领家庭成员积极参与文明家庭、五好家庭、最美家庭等群众性精神文明建设活动。

二、妇女联合会开展家庭教育工作

根据本条规定，妇女联合会开展家庭教育工作主要包括两项：一是宣传普及家庭教育知识，二是通过家庭教育指导机构、社区家长学校、文明家庭建设等多种渠道组织开展家庭教育实践活动，提供家庭教育指导服务。

实践中，各级妇联组织充分发挥组织优势，依托城乡社区家长学校、妇女之家、儿童之家等阵地，组织开展父母讲堂、亲子阅读、咨询辅导等形式多样、内容丰富的家庭教育实践活动，为提升广大家长家庭教育能力做了大量工作。

家庭教育指导机构是妇联组织统筹指导家庭教育的重要抓手；社区家长学校是妇联组织面向所有家庭开展家庭教育指导服务的重要阵地；文明家庭建设是妇联组织开展家庭教育的有效载体，主要通过开展寻找“最美家庭”“五好家庭”“绿色家庭”等群众性精神文明创建活动；开展“梦想启航——好家庭好家风巡讲”“家和万事兴——家教家风主题展”“书香飘万家”亲子阅读“少年儿童心向党”等主题实践活动等，将立德树人贯穿到活动始终，强化思想引领和实践育人，引导广大家长注重未成年人品德教育，教育未成年人从小培养爱国爱家情感，养成良好行为习惯，扣好人生第一粒扣子。

第三十六条 自然人、法人和非法人组织可以依法设立非营利性家庭教育服务机构。

县级以上地方人民政府及有关部门可以采取政府补贴、奖励激励、购买服务等扶持措施，培育家庭教育服务机构。

教育、民政、卫生健康、市场监督管理等有关部门应当在各自职责范围内，依法对家庭教育服务机构及从业人员进行指导和监督。

◆ 条文主旨

本条是关于家庭教育服务机构的设立、培育以及指导和监督的规定。

◆ 立法背景

2021 年 3 月 11 日第十三届全国人民代表大会第四次会议批准的《中华人民共和国国民经济和社会发展第十四个五年规划和 2035 年远景目标纲要》在加强家庭建设部分提出，要促进家庭服务多元化发展。普惠化、个性化、多元化的家庭教育指导服务需求，意味着仅靠国家、学校等力量无法有效满足需求，必须充分调动社会各方面力量，积极参与提供家庭教育指导服务。其中，采取扶持措施培育专业化的家庭教育服务机构是重要路径之一。但同时，为避免家庭教育服务机构野蛮生长和行业乱象丛生，相关主管部门也应该采取措施，对家庭教育服务机构及其从业人员进行规范引导，促进家庭教育服务行业健康发展。

◆ 条文解读

一、依法设立非营利性家庭教育服务机构

本条所称的家庭教育服务机构是指以未成年人父母或者其他

监护人为服务对象，有针对性地提供各类家庭教育指导服务，以满足家庭教育需求的服务机构。需要说明的是，此处的家庭教育服务是一种新形式的家庭服务，与主要面向学生提供、以学科类或者非学科类培训为主要内容的“家教服务”不属于同一类型。2010 年 9 月《国务院办公厅关于发展家庭服务业的指导意见》提出，要适应经济社会发展水平和居民消费变化，因地制宜发展家庭教育等业态，满足家庭的特色需求。

关于家庭教育服务机构的组织形式，上述指导意见提出，培育家庭服务市场，以非公有制经济为主体，鼓励各种资本投资创办家庭服务企业，除法律、行政法规另有规定外，对设立家庭服务企业不得提高注册资本最低限额，推进家庭服务领域对外开放，积极引进境外投资；鼓励各种社会力量创办民办非企业单位和个体经济组织提供家庭服务，支持工会、共青团、妇联和残联等组织利用自身优势发展多种形式的家庭服务机构。2011 年 12 月商务部印发的《家庭服务业管理暂行办法》规定，本办法所称家庭服务机构，是指依法设立从事家庭服务经营活动的企业、事业、民办非企业单位和个体经济组织等营利性组织。

与提供其他家庭服务的机构一致，家庭教育服务机构的组织形式也包括营利性机构和非营利性机构两种类型。本条第一款所作的“自然人、法人和非法人组织可以依法设立非营利性家庭教育服务机构”的规定，并不意味着自然人、法人和非法人组织只能设立非营利性的家庭教育服务机构，而不能设立营利性的家庭教育服务机构。这与本法第五十二条的规定是一致的，第五十二条规定，家庭教育服务机构有该条规定的违法行为，由主管部门责令限期改正；拒不改正或者情节严重的，由主管部门责令停业整顿、吊销营业执照或者撤销登记。这里的“停业整顿、吊销营业执照”就表明本法规定的家庭教育服务机构显然并非仅包括非营利性的家庭教育服务机构。因此，本条第一款的规定只是突出强调社会力量有权依法设立非营利性家庭教育服务机构，表示对设立非营利性家庭教育服务机构开展家庭教育指导服务的鼓励和支持，这与国家培育和推动各种社会力量提供家庭教育指导服务的政策是一致的。

二、采取措施培育家庭教育服务机构

2021 年 9 月国务院印发的《中国妇女发展纲要和中国儿童发展纲要》提出，强化对家庭教育指导服务的支持保障，推进实施家庭教育工作规划，推动家庭教育指导服务普惠享有，并纳入政府购买服务指导性目录，培育家庭教育服务机构。按照本条第二款的规定，县级以上地方人民政府及其有关部门为培育本地区家庭教育服务机构，可以采取的扶持措施包括：为家庭教育服务机构提供政府补贴；对优秀的家庭教育服务机构给予奖励激励；还可以通过向家庭教育服务机构购买服务，由其向辖区内的家庭提供家庭教育指导服务。除此之外，县级以上地方人民政府及其有关部门还可以结合本地财力等实际情况，采取其他类型的扶持措施，培育家庭服务市场，促进家庭教育服务机构的发展。

三、对家庭教育服务机构进行指导和监督

家庭教育服务机构是为未成年人的父母或者其他监护人提供家庭教育指导服务的专业机构，该机构及其从业人员的资质资格、专业化及服务水平与未成年人的健康成长关系密切。为促进家庭教育服务机构健康有序发展，有必要对家庭教育服务机构及其从业人员进行指导和监督。《中国妇女发展纲要和中国儿童发展纲要》提出，要加强对家庭教育服务机构和从业人员的管理，规范家庭教育服务市场；加强家庭教育服务行业自律，研究制定服务质量标准，建立行业认证体系。因此，本条从相关政府部门加强管理的角度规定，教育、民政、卫生健康、市场监督管理等有关部门应当在各自职责范围内，依法对家庭教育服务机构及从业人员进行指导和监督。

本法第四十七条从家庭教育服务行业自律管理的角度规定，家庭教育服务机构应当加强自律管理，制定家庭教育服务规范，组织专业人员培训，提供从业人员的业务素质和能力。此外，本法第五十二条还对家庭教育服务机构违法行为的法律责任作了相应规定。

◆ **相关规定**

《国务院办公厅关于发展家庭服务业的指导意见》；《中国妇女发展纲要和中国儿童发展纲要》

第三十七条　国家机关、企业事业单位、群团组织、社会组织应当将家风建设纳入单位文化建设，支持职工参加相关的家庭教育服务活动。

文明城市、文明村镇、文明单位、文明社区、文明校园和文明家庭等创建活动，应当将家庭教育情况作为重要内容。

◆ **条文主旨**

本条是关于将家风建设纳入单位文化建设，将家庭教育情况作为精神文明创建活动重要内容的规定。

◆ **立法背景**

注重家庭、注重家教、注重家风是中华民族优秀传统文化，家风建设和家庭教育不仅关系到每个家庭的幸福美满，对于国家发展、民族进步、社会和谐也具有十分重要的意义。习近平总书记 2016 年 12 月 12 日在会见第一届全国文明家庭代表时提出：“家风是社会风气的重要组成部分。家庭不只是人们身体的住处，更是人们心灵的归宿。家风好，就能家道兴盛、和顺美满；家风差，难免殃及子孙、贻害社会。”2016 年 1 月 12 日在第十八届中央纪律检查委员会第六次全体会议上的讲话中提出：“把家风建设作为领导干部作风建设重要内容，弘扬真善美、抑制假恶丑，营造崇德向善、见贤思齐的社会氛围。”因此，将家风建设纳入单位文化建设，更有利于国家机关、企业事业单位、群团组织、社会组织的干部、职工等规范自身行为、培育良好的家庭美德，从而促进全民族思想道德水平的提升；将家庭教育情况作为群众性精神文明创建活动的重要内容，有利于推动社会文明进步，提升广大人民群众对家庭教育重要性的认识，在将家庭教育与文明创建活动相结合的过程中，提高精神境界、培育文明风尚。

◆ 条文解读

一、将家风建设纳入单位文化建设

单位文化是国家机关、企业事业单位、群团组织、社会组织在长期发展过程中形成的，为广大干部职工普遍认同和共同遵循的具有本单位特色的价值观念、发展理念、集体认同和行为规范等。我国的单位文化建设是中国特色社会主义文化建设的重要组成部分，加强单位文化建设对于培育和践行社会主义核心价值观，提高全民族思想道德水平具有十分重要的作用。社会道德、职业美德、家庭美德、个人品德不仅是公民道德建设的着力点，也应成为单位文化建设的重要内容。在单位文化建设中，国家机关、企业事业单位、群团组织、社会组织不仅要大力倡导爱岗敬业、诚实守信、办事公道、服务群众、奉献社会的职业道德，还应大力倡导文明礼貌、助人为乐、爱护公物、保护环境、遵纪守法的社会公德，大力倡导尊老爱幼、男女平等、夫妻和睦、勤俭持家、邻里团结的家庭美德，大力倡导爱国奉献、明礼守法、厚德仁爱、正直善良、勤劳勇敢的个人品德，鼓励单位成员在社会上做一个好公民，在岗位上做一个好员工，在家庭里做一个好成员。

家风是一个家庭或者家族的传统风尚，是中华民族传统美德的现代传承，家风连着社风、民风、政风，是培育和践行社会主义核心价值观的重要抓手，是社会和谐的重要基础，家风建设意义重大。家风建设并非单个家庭的私事，而是需要集聚社会各方面力量共同推动的。2021 年 6 月，中共中央宣传部、中央文明办、中共中央纪委机关、中共中央组织部、国家监察委员会、教育部、全国妇联联合印发《关于进一步加强家庭家教家风建设的实施意见》，提出要深化家庭文明建设，针对不同地区、人群、家庭实际情况和需求，常态化开展寻找“最美家庭”活动，开展星级文明户、廉洁家庭、绿色家庭、五好家庭等特色创建，推动创建活动从城乡社区向学校机关、企事业单位、非公经济组织、社会组织拓展延伸，做大文明家庭蓄水池和后备队。国家机关、企业事业单位、群团组织、社会组织将家风建设纳入单位文化建设，大力弘扬中华优秀传统文化，传承优良家风家教，通过组织单位文明家庭评选、书写家风故事、开展家风家教展览宣传等活动，引导广大单位成员树立家庭文明新风尚，自觉培育和践行社会主义核心价值观，让家风建设带动单位文化，使单位文化促进家风建设。

二、支持职工参加家庭教育服务活动

国家机关、企业事业单位、群团组织、社会组织基于其与本单位职工的紧密联系，对于提升本单位职工家庭教育的能力和水平具有独特优势，发挥着重要作用。因此，2021 年 9 月国务院印发的《中国妇女发展纲要和中国儿童发展纲要》提出，鼓励机关、企事业单位和社会组织面向本单位职工开展家庭教育指导服务。此外，根据本法第十九条的规定，如果职工系未成年人父母或者其他监护人，其负有积极参加中小学校、幼儿园、婴幼儿照护服务机构、社区提供的公益性家庭教育指导和实践活动的义务；本法第四十条还规定，中小学校、幼儿园应当及时联系、督促未成年人的父母或者其他监护人参加家庭教育指导服务。因此，为切实保证上述职工能够有效接受家庭教育指导服务，本条规定国家机关、企业事业单位、群团组织、社会组织应当支持职工参加相关的家庭教育服务活动。比如国家机关、企业事业单位、群团组织、社会组织通过合理调整工作时间或者工作任务等措施，方便职工参加相关的家庭教育指导服务，使其能够掌握科学的家庭教育方法，提高家庭教育能力。

三、作为精神文明创建活动重要内容

文明城市、文明村镇、文明单位、文明社区、文明校园和文明家庭等群众性精神文明创建活动是人民群众群策群力、共建共享、改造社会、建设美好生活的创举，是提升国民素质和社会文明程度的有效途径，是把社会主义精神文明建设的任务要求落实到城乡基层的重要载体和有力抓手。2017 年 4 月中央文明委印发的《关于深化群众性精神文明创建活动的指导意见》提出，各类创建活动都要突出思想道德内涵，坚持创建为民惠民，不断扩大覆盖面，增强实效性，有力推动社会文明进步，提升城乡居民的获得感和幸福感；要推动人们在为家庭谋幸福、为他人送温暖、为社会作贡献的过程中提高精神境界、培育文明风尚。“家庭是社会的基本细胞，是人生的第一所学校”，“家庭和睦则社会安定，家庭幸福则社会祥和，家庭文明则社会文明”，因此，作为家庭文明重要基础的家庭教育情况理应成为各类文明创建活动的重要指标。本条第二款规定文明城市、文明村镇、文明单位、文明社区、文明校园和文明家庭等创建活动，应当将家庭教育情况作为重要内容，就是重视发挥家庭教育对精神文明的支撑作用，把群众性精神文明创建活动与家庭教育工作结合起来，使各地方、各单位重视家庭文明建设，认真抓好家庭教育工作，使各个家庭重视做好自身家庭教育，以此推动形成爱国爱家、相亲相爱、向上向善、共建共享的社会主义家庭文明新风尚，以良好家风支撑起好的社会风气。

◆ **相关规定**

《中共中央宣传部、中央文明办、中共中央纪委机关、中共中央组织部、国家监察委员会、教育部、全国妇联联合关于进一步加强家庭家教家风建设的实施意见》；《中国妇女发展纲要和中国儿童发展纲要》；《中央文明委关于深化群众性精神文明创建活动的指导意见》

第四章 社会协同

第三十八条 居民委员会、村民委员会可以依托城乡社区公共服务设施，设立社区家长学校等家庭教育指导服务站点，配合家庭教育指导机构组织面向居民、村民的家庭教育知识宣传，为未成年人的父母或者其他监护人提供家庭教育指导服务。

◆ 条文主旨

本条是关于居民委员会、村民委员会家庭教育工作职责的规定。

◆ 立法背景

居民委员会、村民委员会是居民、村民自我管理、自我教育、自我服务的基层群众性自治组织。居民委员会、村民委员会是最为接近居民、村民的基层组织，在很大程度上，也是居民、村民最为熟悉的基层组织。虽然性质上属于基层自治组织，但居民委员会、村民委员会承担着服务居民、村民的重要任务。根据城市居民委员会组织法，居民委员会应当开展便民利民的社区服务活动，可以兴办有关的服务事业；根据村民委员会组织法，村民委员会负责办理本村的公共事务和公益事业，调解民间纠纷，协助维护社会治安，向人民政府反映村民的意见、要求和提出建议。

当下，家庭教育指导服务日益成为普通家庭所需的基础性服务，居民委员会、村民委员会应发挥自身职能作用，结合自身条件，通过设立社区家长学校等家庭教育指导服务站点等方式，使辖区内居民、村民能够了解家庭教育知识，享受到家庭教育指导服务。尤其是留守未成年人、困境未成年人集中地区的居民委员会、村民委员会，更应当根据本辖区内居民、村民的实际情况，有针对性地开展相关家庭教育指导服务活动。对此，本法第九条明确规定，居民委员会、村民委员会等应当结合自身工作，积极开展家庭教育工作，为家庭教育提供社会支持。本条对居民委员会、村民委员会家庭教育工作职责作了进一步细化。

◆ 条文解读

一、设立社区家长学校等家庭教育指导服务站点

2011 年全国妇联、教育部、中央文明办《关于进一步加强家长学校工作的指导意见》（以下简称《意见》）提出，家长学校是宣传普及家庭教育知识，提升家长素质的重要场所，是指导推进家庭教育的主阵地和主渠道。家长学校的主要任务包括：面向广大家长宣传党的教育方针、相关法律法规和政策，宣传科学的家庭教育理念、知识和方法，引导家长树立正确的儿童观和育人观；组织开展形式多样的家庭教育实践活动，增进亲子之间的沟通和交流，使家长和儿童在活动中共同成长进步；通过多种形式为家长儿童提供指导和服务，帮助解决家庭教育中的难点问题，提升家长教育培养子女的能力和水平；增进家庭与学校的有效沟通，努力构筑学校、家庭、社区“三结合”的未成年人教育网络，为儿童健康成长营造良好环境。按照《意见》的规定，家长学校包括幼儿园、中小学校、中等职业学校，街道、社区（村）家长学校，以及机关、企事业单位家长学校。

实践表明，家长学校工作开展以来，对促进家校合作和家庭教育工作的有效开展发挥了积极作用。对此，2021 年国务院未成年人保护工作领导小组印发的《关于加强未成年人保护工作的意见》提出，要加强家庭监护指导帮助，推动构建家庭教育指导服务体系，加强社区家长学校、家庭教育指导服务站点建设，为未成年人的父母或其他监护人、被委托人每年提供不少于一次公益性家庭教育指导服务。2021 年国务院印发的《中国妇女发展纲要和中国儿童发展纲要》提出，要加强中小学、幼儿园、社区家长学校、家长委员会建设，普及家庭教育知识，推广家庭教育经验，并将“覆盖城乡的家庭教育指导服务体系基本建成，指导服务能力进一步提升。95%的城市社区和 85%的农村社区（村）建立家长学校或家庭教育指导服务站点”作为主要目标之一，提出要依托现有机构设立家庭教育指导服务中心，统筹家庭教育指导服务工作，依托家长学校、城乡社区公共服务设施、妇女之家、儿童之家等设立家庭教育指导服务站点。建设家庭教育信息化共享平台，开设网上家长学校和家庭教育指导课程。基于上述规定，本条规定，居民委员会、村民委员会可以依托城乡社区公共服务设施，设立社区家长学校等家庭教育指导服务站点。

二、主要职责

《关于进一步加强家长学校工作的指导意见》对社区家长学校的人员组成和主要职能作了规定，具体如下：街道、社区（村）家长学校校长、家庭教育指导机构负责人由主管妇联工作的领导兼任，与街道、社区（村）工作人员、志愿者、家长代表等人员共同组成管理委员会，负责家长学校、家庭教育指导机构的日常管理；街道、社区（村）家长学校或家庭教育指导机构可依托妇女之家、基层文化活动中心（站）、党员活动室等场所，利用节假日和课余时间开展工作，每年至少组织 2 次家长指导、2 次家庭教育实践活动。社区（村）家长学校要结合家长需求，充分利用农村党员干部现代远程教育网络等资源，宣传家庭教育知识，提供个性化、多元化的指导服务；要建立稳定的师资队伍、志愿服务队伍及专家指导队伍，有条件的地方可由政府购买公益岗，开展家庭教育指导服务。2021 年国务院未成年人保护工作领导小组印发《关于加强未成年人保护工作的意见》提出，加强社区家长学校、家庭教育指导服务站点建设，为未成年人的父母或其他监护人、被委托人每年提供不少于一次公益性家庭教育指导服务。基于上述规定，本条对社区家长学校等家庭教育指导服务站点的职责作了一般性规定，主要包括两项：一是配合家庭教育指导机构组织面向居民、村民的家庭教育知识宣传；二是为本辖区内未成年人的父母或者其他监护人提供家庭教育指导服务。

◆ 相关规定

《中华人民共和国城市居民委员会组织法》第四条；《中华人民共和国村民委员会组织法》第二条；《全国妇联、教育部、中央文明办关于进一步加强家长学校工作的指导意见》；《国务院未成年人保护工作领导小组关于加强未成年人保护工作的意见》；《中国妇女发展纲要和中国儿童发展纲要》

第三十九条 中小学校、幼儿园应当将家庭教育指导服务纳入工作计划，作为教师业务培训的内容。

◆ 条文主旨

本条是关于将家庭教育指导服务纳入学校、幼儿园工作计划，作为教师业务培训内容的规定。

◆ 立法背景

中小学校、幼儿园作为未成年人主要的学习和活动场所，教师作为专业的教育工作者，在教育教学活动过程中，熟悉未成年人的身心特点，具备与家长沟通的能力和条件，其传授的家庭教育方式方法也易于获得家长及未成年人的信任和接受。在家庭教育指导服务工作中，中小学校、幼儿园以及教师发挥着十分重要的作用。因此，应当在法律中明确中小学校、幼儿园开展家庭教育指导服务的义务，对教师开展相关培训，进一步增强教师开展家庭教育指导服务的能力和水平。

◆ 条文解读

一、将家庭教育指导服务纳入工作计划

《中华人民共和国未成年人保护法》第三十九条规定，学校应当建立学生欺凌防控工作制度，对相关未成年学生的父母或者其他监护人给予必要的家庭教育指导。因此，根据上述规定，在发生学生欺凌的情形下，提供家庭教育指导是中小学校、幼儿园的法定职责。但除欺凌情形外，中小学校、幼儿园及其教师在家庭教育工作中也发挥着十分重要的作用。

我国长期以来一直重视发挥学校在家庭教育中的作用，1998年原国家教委制定的《中小学德育工作规程》就已经明确规定，中小学校要通过建立家长委员会、开办家长学校、家长接待日、家长会、家庭访问等方式帮助家长树立正确的教育思想，改进教育方法，提高家庭教育水平。2000 年 12 月《中共中央办公厅、国务院办公厅关于适应新形势进一步加强和改进中小学德育工作的意见》提出，学校要通过家长委员会、家长学校、家长接待日、家访等形式同学生家长建立经常性联系，及时交流情况，认真听取家长对学校管理和教育教学的意见、建议。学校要对班主任、

任课教师的学生家访提出具体要求。2015 年 10 月《教育部关于加强家庭教育工作的指导意见》提出，中小学幼儿园要建立健全家庭教育工作机制，统筹家长委员会、家长学校、家长会、家访、家长开放日、家长接待日等各种家校沟通渠道。2016 年 1 月教育部制定《幼儿园工作规程》规定，幼儿园应当主动与幼儿家庭沟通合作，为家长提供科学育儿宣传指导，帮助家长创设良好的家庭教育环境，共同担负教育幼儿的任务。2019 年 6 月《中共中央、国务院关于深化教育教学改革全面提高义务教育质量的意见》提出，家庭教育要充分发挥学校主导作用，密切家校联系。2021 年 9 月国务院印发的《中国妇女发展纲要和中国儿童发展纲要》提出，坚持学校教育与家庭教育、社会教育相结合，加强家园、家校协作，推动教师家访制度化、常态化；中小学、幼儿园健全家庭教育指导服务工作制度，将家庭教育指导服务纳入学校工作计划和教师业务培训。基于上述规定和要求，本条规定，中小学校、幼儿园应当将家庭教育指导服务纳入工作计划。

二、将家庭教育指导服务作为教师业务培训内容

家庭教育是学校教育的基础，教师作为专业的教育工作者，不仅应具备开展正常教育教学活动的能力，还应熟悉未成年人的身心特点，具备与家长良好沟通和指导其进行家庭教育的能力，这就需要中小学校、幼儿园加强对教师的培训，使其掌握正确的家庭教育方式方法，以切实提升教师进行家庭教育指导的能力和水平。对此，2011 年《全国妇联、教育部、中央文明办关于进一步加强家长学校工作的指导意见》提出，把家庭教育指导纳入教师岗前培训、在岗培训和骨干培训中，纳入农村中小学现代远程教育中，纳入形式多样的教育教学活动中，纳入研究与督导评估中。《教育部关于加强家庭教育工作的指导意见》提出，中小学校、幼儿园要逐步建成以分管德育工作的校长、幼儿园园长、中小学德育主任、年级长、班主任、德育课老师为主体，专家学者和优秀家长共同参与，专兼职相结合的家庭教育骨干力量；将家庭教育工作纳入教育行政干部和中小学校长培训内容，将学校安排的家庭教育指导服务计入工作量。《中共中央、国务院关于深化教育教学改革全面提高义务教育质量的意见》提出，大力提高教师的教育教学能力，实施全员轮训，突出新课程、新教材、新方法、新技术培训，不断提高教师育德、课堂教学、作业与考试命题设计、实验操作和家庭教育指导等能力。基于上述规定，本条规定，中小学校、幼儿园应当将家庭教育指导服务作为教师业务培训的内容。

◆ 相关规定

《中华人民共和国未成年人保护法》第三十九条；《中共中央办公厅、国务院办公厅关于适应新形势进一步加强和改进中小学德育工作的意见》；《全国妇联、教育部、中央文明办关于进一步加强家长学校工作的指导意见》；《教育部关于加强家庭教育工作的指导意见》；《幼儿园工作规程》；《中共中央、国务院关于深化教育教学改革全面提高义务教育质量的意见》；《中国妇女发展纲要和中国儿童发展纲要》

第四十条 中小学校、幼儿园可以采取建立家长学校等方式，针对不同年龄段未成年人的特点，定期组织公益性家庭教育指导服务和实践活动，并及时联系、督促未成年人的父母或者其他监护人参加。

◆ 条文主旨

本条是关于中小学校、幼儿园家庭教育工作职责的规定。

◆ 立法背景

加强家庭教育工作，不仅需要明确父母或者其他监护人在家庭教育中的主体责任，还需要加快形成家庭教育社会支持网络，学校、幼儿园在其中发挥着十分重要的作用。因此，本法除要求中小学校、幼儿园将家庭教育指导服务纳入工作计划、作为教师业务培训内容外，本条对中小学校、幼儿园开展家庭教育指导服务和实践活动的渠道、方式等作了进一步明确。

◆ 条文解读

一、关于开展家庭教育指导服务的渠道

关于开展家庭教育指导服务的渠道，本条规定中小学校、幼儿园可以采取建立家长学校等方式开展家庭教育指导。其中，家长学校是宣传普及家庭教育知识、提升家长素质的重要场所，是指导推进家庭教育的主阵地和主渠道，所以本条专门突出了“建立家长学校”；除家长学校外，中小学校、幼儿园还可以通过家长委员会、家长会、家访、家长开放日、家长接待日等各种家校沟通渠道，开展家庭教育指导服务。教育部相关文件对中小学校、幼儿园开展家庭教育指导服务的渠道作了专门规定。2015 年《教育部关于加强家庭教育工作的指导意见》提出，中小学幼儿园要建立健全家庭教育工作机制，统筹家长委员会、家长学校、家长会、家访、家长开放日、家长接待日等各种家校沟通渠道。2017 年教育部印发《中小学德育工作指南》提出，学校加强家庭教育指导，要建立健全家庭教育工作机制，统筹家长委员会、家长学校、家长会、家访、家长开放日、家长接待日等各种家校沟通渠道，丰富学校指导服务内容，及时了解、沟通和反馈学生思想状况和行为表现，认真听取家长对学校的意见和建议，促进家长了解学校办学理念、教育教学改进措施，帮助家长提高家

教水平。

二、关于开展家庭教育指导的方式和内容

关于开展家庭教育指导服务的方式，本条规定中小学校、幼儿园针对不同年龄段未成年人的特点，定期组织公益性家庭教育指导服务和实践活动。需要强调的是，这里规定的是“公益性”家庭教育指导服务和实践活动，即不以营利为目的的家庭教育指导服务和实践活动，中小学校、幼儿园不得组织家长参加非公益性或者营利性的家庭教育指导服务和实践活动。2011 年 1 月全国妇联、教育部、中央文明办联合印发的《关于进一步加强家长学校工作的指导意见》对中小学校、幼儿园家长学校的设立和开展家庭教育指导服务的方式、次数等作了明确规定。上述意见提出，幼儿园、中小学校要把家长学校工作纳入幼儿园、学校工作的总体部署，具体规定如下：1. 幼儿园家长学校校长由园领导兼任，与负责具体事务的教师、家长代表等人员共同组成校务管理委员会，负责家长学校日常管理工作。家长学校师资由幼儿园教师或聘请相关专业人士、志愿者担任，场地可利用现有的活动室、教室等。幼儿园家长学校每学期至少开展 1 次家庭教育指导、2 次亲子实践活动。有条件的幼儿园要向周边社区延伸家庭教育活动，做好社区 0—3 岁和未入园儿童的家庭教育指导工作。2. 中小学校家长学校校长由分管德育工作的校长兼任，与德育主任、年级组长、班主任、家长代表等人员共同组成校务管理委员会，负责家长学校日常管理事务，每学期至少召开 1 次管理委员会会议。中小学校家长学校师资队伍可由学校教师、志愿者、优秀家长等组成，有条件的学校可聘请专家或社会工作者开展相关工作。家长学校每学期至少组织 1 次家长指导，如家庭教育讲座、家庭教育咨询等，1 次家庭教育实践活动。《教育部关于加强家庭教育工作的指导意见》也规定，中小学幼儿园要把家长学校纳入学校工作

的总体部署，帮助和支持家长学校组织专家团队，聘请专业人士和志愿者，设计较为具体的家庭教育纲目和课程，开发家庭教育教材和活动指导手册。中小学家长学校每学期至少组织 1 次家庭教育指导和 1 次家庭教育实践活动。幼儿园家长学校每学期至少组织 1 次家庭教育指导和 2 次亲子实践活动。

此外，针对中小学校、幼儿园开展家庭教育指导服务的内容，《教育部关于加强家庭教育工作的指导意见》也作了具体规定。上述意见提出，中小学校、幼儿园要坚持立德树人根本任务，将社会主义核心价值观融入家庭教育工作实践，将中华民族优秀传统家庭美德发扬光大；要举办家长培训讲座和咨询服务，开展先进教育理念和科学育人知识指导；举办经验交流会，通过优秀家长现身说法、案例教学发挥优秀家庭示范带动作用；组织社会实践活动，定期开展家长和学生共同参与的参观体验、专题调查、研学旅行、红色旅游、志愿服务和社会公益活动；以重大纪念日、民族传统节日为契机，通过丰富多彩、生动活泼的文艺、体育等活动增进亲子沟通和交流；及时了解、沟通和反馈学生思想状况和行为表现，营造良好家校关系和共同育人氛围。

三、及时联系、督促父母或者其他监护人参加

未成年人的父母或者其他监护人能够有效参加中小学校、幼儿园提供的家庭教育指导服务，才能发挥中小学校、幼儿园开展家庭教育指导服务工作的作用，促进家校联合共同做好家庭教育目的的实现。因此，本法第十九条规定，未成年人的父母或者其他监护人应当与中小学校、幼儿园密切配合，积极参加其提供的公益性家庭教育指导和实践活动，共同促进未成年人健康成长。除上述规定外，本条进一步强调了中小学校、幼儿园的义务，规定中小学校、幼儿园除应当定期开展家庭教育指导和实践活动外，还应当及时联系、督促未成年人的父母或者其他监护人参加。

◆ **相关规定**

《全国妇联、教育部、中央文明办关于进一步加强家长学校工作的指导意见》；《教育部关于加强家庭教育工作的指导意见》；《中小学德育工作指南》

第四十一条　中小学校、幼儿园应当根据家长的需求，邀请有关人员传授家庭教育理念、知识和方法，组织开展家庭教育指导服务和实践活动，促进家庭与学校共同教育。

◆ **条文主旨**

本条是关于家庭与学校共同教育的规定。

◆ **立法背景**

中小学校、幼儿园是开展家庭教育工作的主要阵地，在推进家庭教育过程中具有重要作用。《关于指导推进家庭教育的五年规划（2016—2020）》明确要求，巩固发展学校家庭教育指导服务阵地。一方面，中小学校、幼儿园具有丰富的家庭教育资源，对未成年人学习、心理及品德状况较为了解，与家长的联系也比较紧密，有条件满足家长正常的家庭教育服务需求；另一方面，现实中很多家长有提升自身家庭教育能力的需求，但缺乏必要的学习渠道。通过中小学校、幼儿园开展家庭教育指导服务和实践活动，对于提升家长家庭教育能力，增进与未成年人的沟通了解，促进家庭与学校共同教育具有重要的意义。我们在立法调研中也了解到，一些地方立法对此已经作了相关规定，在实践中也取得了良好的效果。例如，《安徽省家庭教育促进条例》第三十二条规定，幼儿园、中小学等学校的家长委员会可以通过学校邀请有关人员传播科学的家庭教育理念、知识和方法，组织开展家庭教育指导服务和实践活动。有必要总结实践经验，将这一做法上升为法律规定。

◆ 条文解读

一、中小学校、幼儿园应当根据家长的需求提供家庭教育指导服务

本法第三十九条、第四十条对中小学校、幼儿园提供家庭教育指导服务作了规定。中小学校、幼儿园除了按照计划进行常规性的家庭教育指导外，还应当充分考虑家长的现实需求，提供有针对性的家庭教育指导服务，进一步提升服务吸引力和服务效果。

一是充分发挥家长委员会的作用。2012 年《教育部关于建立中小学幼儿园家长委员会的指导意见》规定，有条件的公办和民办中小学和幼儿园都应建立家长委员会。学校组织家长，按照一定的民主程序，本着公正、公平、公开的原则，在自愿的基础上，选举出能代表全体家长意愿的在校学生家长组成家长委员会。家长委员会听取并转达家长对学校工作的意见和建议，向学校及时反映家长的意愿，听取并转达学校对家长的希望和要求，促进学校和家庭的相互理解。2015 年《教育部关于加强家庭教育工作的指导意见》进一步规定，各地教育部门要采取有效措施加快推进中小学幼儿园普遍建立家长委员会，推动建立年级、班级家长委员会。中小学幼儿园要将家长委员会纳入学校日常管理，制订家长委员会章程，将家庭教育指导服务作为重要任务。目前，多数中小学校、幼儿园都已经成立了家长委员会。家长委员会是家庭和学校进行沟通的重要渠道，家长可以通过家长委员会向中小学校、幼儿园提出家庭教育指导服务的需求。家长委员会也可以邀请有关专家、学校校长和相关教师、优秀父母组成家庭教育讲师

团，面向广大家长定期宣传党的教育方针、相关法律法规和政策，传播科学的家庭教育理念、知识和方法，组织开展形式多样的家庭教育指导服务和实践活动。

二是进一步拓宽和丰富家长提出家庭教育指导服务需求的渠道。中小学校、幼儿园还可以通过家长学校、家长会、家访、家长开放日、家长接待日等多种家校沟通渠道，收集家长日常在实施家庭教育过程中存在的困难和问题以及家庭教育指导服务方面的需求，认真调查研究、总结分析，并根据家长普遍提出的问题和需求，有针对性地组织提供家庭教育指导服务，帮助家长解决实际困难。

二、中小学校、幼儿园的职责

中小学校、幼儿园的职责具体主要包括三个方面：

一是邀请有关人员授课。2015 年《教育部关于加强家庭教育工作的指导意见》规定，中小学幼儿园要建立健全家庭教育工作机制，统筹家校沟通渠道，逐步建成以分管德育工作的校长、幼儿园园长、中小学德育主任、年级长、班主任、德育课老师为主体，专家学者和优秀家长共同参与，专兼职相结合的家庭教育骨干力量。根据家长的需求，中小学校、幼儿园可以邀请有关家庭教育专家、学校校长和相关教师、优秀父母、社会工作者、家庭教育指导服务机构工作人员等，解答家长反映集中的家庭教育问题，向家长传授科学的家庭教育知识，澄清其在家庭教育中的模糊认识，帮助他们树立正确的家庭教育观，掌握科学的家庭教育方法，提高家长科学教育子女的能力。

二是组织开展家庭教育指导服务和实践活动。中小学校、幼儿园要丰富学校指导服务内容，例如，举办家长培训讲座和咨询服务，开展先进教育理念和科学育人知识指导；举办经验交流会，通过优秀家长现身说法、案例教学发挥优秀家庭示范带动作用；

组织社会实践活动，开展家长和学生共同参与的参观体验、专题调查、研学旅行、红色旅游、志愿服务和社会公益活动；以重大纪念日、民族传统节日为契机，通过丰富多彩、生动活泼的文艺、体育等活动增进亲子沟通和交流。

三是促进家庭与学校共同教育。家庭教育、学校教育紧密配合、协同一致是家庭教育的重要原则之一。家长在家庭教育中承担主体责任，学校在家庭教育中发挥重要作用，只有家庭教育与学校教育相互配合，才能取得良好的教育效果。通过组织开展形式多样的家庭教育指导服务和实践活动，提升家长家庭教育的能力和水平，提高家庭教育质量，引导家长积极主动了解、沟通和反馈孩子思想状况和行为表现，加强与学校的协同配合，密切家校联系，推动家庭教育和学校教育形成合力共同发展。

◆ 相关规定

《幼儿园工作规程》第五十二条、第五十三条、第五十四条；《小学管理规程》第五十五条

第四十二条　具备条件的中小学校、幼儿园应当在教育行政部门的指导下，为家庭教育指导服务站点开展公益性家庭教育指导服务活动提供支持。

◆ 条文主旨

本条是关于中小学校、幼儿园为家庭教育指导服务活动提供支持的规定。

◆ 立法背景

推动学校、社区相互配合是做好家庭教育工作的重要保障。

《关于指导推进家庭教育的五年规划（2016—2020年）》明确要求，继续巩固发展学校、家庭、社区相衔接的家庭教育指导服务网络，依托城乡社区公共服务设施、城乡社区教育机构、儿童之家、青少年宫、儿童活动中心等，普遍建立家长学校或家庭教育指导服务站点，城市社区达到90%，农村社区（村）达到80%，确保每年至少组织2次家庭教育指导和2次家庭教育实践活动。实践中，由于缺乏必要的师资、场地支持，有的家庭教育指导服务站点无力开展家庭教育指导服务和实践活动，有的虽然开展但质量不高、影响力有限，难以取得预期的效果。为了推动学校和社区形成家庭教育合力，一些地方家庭教育立法也对学校和社区配合开展家庭教育指导服务进行了规定。通过立法明确中小学校、幼儿园为家庭教育指导服务站点开展活动提供支持，既是对地方实践经验的总结，也有利于充分利用现有家庭教育资源，拓展家庭教育指导服务的渠道，调动家长参加家庭教育指导服务的积极性。

◆ 条文解读

一、在教育行政部门指导下提供支持服务

本法第六条规定，教育行政部门负责协同推进覆盖城乡的家庭教育指导服务体系建设，按照职责分工承担家庭教育工作的日常事务。为了有序推动家庭教育指导服务活动，保障服务效果，中小学校、幼儿园在为家庭教育指导服务站点开展相关活动提供支持时，应当接受教育行政部门的指导，及时向当地教育行政部门报送有关活动的情况，由教育行政部门作出统筹安排，避免对中小学校、幼儿园的正常教育教学活动产生影响。2015年《教育部关于加强家庭教育工作的指导意见》规定，各地教育部门要切实加强对行政区域内中小学幼儿园家庭教育工作的指导，推动形

成政府主导、部门协作、家长参与、学校组织、社会支持的家庭教育工作格局。各地教育部门和中小学幼儿园要与相关部门密切配合，推动建立街道、社区（村）家庭教育指导机构，利用节假日和业余时间开展工作，每年至少组织 2 次家庭教育指导和 2 次家庭教育实践活动，将街道、社区（村）家庭教育指导服务纳入社区教育体系。有条件的中小学幼儿园可以派教师到街道、社区（村）挂职，为家长提供公益性家庭教育指导服务。

二、支持家庭教育指导服务站点开展公益性活动

实践中，虽然社区家长学校等家庭指导服务站点数量很多，覆盖面很广，但是在调研中发现，一些站点由于缺乏必要的师资、场地支持，无法满足家庭多层次、个性化的需求，造成活动缺乏吸引力和号召力，其阵地作用发挥有限。而有的地方教育行政部门与妇联密切配合，积极推动学校与家庭教育指导服务站点相互支持形成合力，取得了良好的效果。因此，充分发挥中小学校、幼儿园的资源优势，为家庭教育指导服务站点提供必要支持，是推动家庭教育工作蓬勃开展的有力保证。中小学校、幼儿园应当切实履行支持职责，具体包括：

1. 支持家庭教育指导服务站点开展活动。这里规定的家庭教育指导服务站点，主要包括本法第二十八条规定的社区家长学校、学校家长学校及其他家庭教育指导服务站点等。

2. 明确家庭教育指导服务活动的公益性。草案一审稿仅规定为家庭教育指导服务站点开展家庭指导服务活动提供支持。在征求意见过程中，有的全国人大常委会委员提出，应当明确服务活动的“公益性”，避免利用学校资源借机开展有偿培训的情况。经研究，我们采纳了这一意见。家庭教育指导服务站点不得利用学校支持开展以营利为目的的家庭教育指导服务活动。中小学校、幼儿园也不得对营利性家庭教育指导服务提供支持。

3. 丰富提供支持的形式。主要包括师资和场地支持，例如，有条件的中小学、幼儿园可以指派具有家庭教育专业知识的教师到社区家长学校授课，为家长提供公益性家庭教育指导服务；在节假日期间将教室等场地向家庭教育指导服务站点开放等。此外，还可以在实践中进一步探索其他支持形式，如积极号召家长参加家庭教育指导服务、共同研究家庭教育课题、制定教育培训计划、开展相关调研等。

◆ **相关规定**

《重庆市家庭教育促进条例》第二十四条；《福建省家庭教育促进条例》第十九条；《贵州省家庭教育促进条例》第二十六条；《湖北省家庭教育促进条例》第二十二条第二款；《江西省家庭教育促进条例》第三十五条

第四十三条 中小学校发现未成年学生严重违反校规校纪的，应当及时制止、管教，告知其父母或者其他监护人，并为其父母或者其他监护人提供有针对性的家庭教育指导服务；发现未成年学生有不良行为或者严重不良行为的，按照有关法律规定处理。

◆ **条文主旨**

本条是关于学校对家庭教育进行干预的规定。

◆ **立法背景**

家庭教育与学校教育紧密结合是家庭教育的重要原则，也是做好家庭教育工作的重要保证。现实生活中，有的家长重智轻德、重知轻能、过分宠爱，导致孩子的思想品德和行为出现偏差。学校作为未成年学生学习的重要场所，比较了解其日常行为表现和思想状况，能够第一时间发现其不当行为。因此，有必要通过立法明确学校的干预义务，规定学校除了依据相关规定对学生进行制止、管教外，还应当及时与其家长取得联系，告知相关情况，并为家长提供必要的、有针对性的家庭教育指导，帮助家长解决家庭教育中出现的问题，与家长配合共同做好未成年学生的教育工作。对于未成年学生出现不良行为或者严重不良行为情形时的处理要求和程序，预防未成年人犯罪法、未成年人保护法等相关法律已经作了明确规定，学校应当严格按照有关法律的规定进行处理，本法仅作衔接性规定。

◆ **条文解读**

一、发现严重违反校纪校规时应及时制止、管教

中小学校发现未成年学生严重违反校纪校规的，应当及时制止、管教。发现未成年学生严重违反校纪校规的，学校应当第一时间制止，避免造成更为严重的后果，并采取适当的管理教育措施。《中小学德育工作规程》第二十七条规定，中小学校应当严肃校纪。对严重违反学校纪律，屡教不改的学生应当根据其所犯错误的程度给予批评教育或者纪律处分，并将处分情况通知学生家长。2020 年教育部《中小学教育惩戒规则（试行）》第九条规定，学生违反校规校纪，情节较重或者经当场教育惩戒拒不改正的，学校可以实施以下教育惩戒，并应当及时告知家长：（一）由学校德育工作负责人予以训导；（二）承担校内公益服务任务；（三）安排接受专门的校规校纪、行为规则教育；（四）暂停或者限制学生参加游览、校外集体活动以及其他外出集体活动；（五）学校校规校纪规定的其他适当措施。第十条规定，小学高年级、初中和高中阶段的学生违规违纪情节严重或者影响恶劣的，学校可以实施以下教育惩戒，并应当事先告知家长：（一）给予不超过一周的停课或者停学，要求家长在家进行教育、管教；（二）由法治副校长或者法治辅导员予以训诫；（三）安排专门的课程或者教育场所，由社会工作者或者其他专业人员进行心理辅导、行为干预。对违规违纪情节严重，或者经多次教育惩戒仍不改正的学生，学校可以给予警告、严重警告、记过或者留校察看的纪律处分。对高中阶段学生，还可以给予开除学籍的纪律处分。

二、为监护人提供家庭教育指导服务

2015 年《教育部关于加强家庭教育工作的指导意见》规定，中小学校应当及时了解、沟通和反馈学生思想状况和行为表现，营造良好家校关系和共同育人氛围。学校应当保障家长的知情权，“告知”的主要内容应当包括未成年学生日常行为表现、思想状况、违规违纪情况及学校采取管教措施的情况等，便于父母或者其他监护人第一时间了解和掌握子女在校情况，及时对子女进行管教，并配合学校共同做好教育工作。

有调查表明，未成年学生出现严重违反校规校纪的行为，其背后原因往往是家庭教育出现了问题。有的家长认识不到位，不重视对子女的家庭教育，有的家长缺乏必要的家庭教育知识，不知道如何进行家庭教育。对此，学校应当与家长进行沟通，认真分析问题背后的原因，并通过家长会、家长学校、家访等形式，为这些家长提供有针对性的家庭教育指导服务，帮助其树立正确的家庭教育观念，掌握科学的家庭教育理念和方法，提高家庭教育的能力。例如，对于教育方式不当的，指导其改进方式方法；对于重视程度不够的，帮助其认识到家庭教育的重要性等。

三、未成年学生有不良行为或者严重不良行为时的处理

预防未成年人犯罪法对未成年人不良行为及严重不良行为的范围、学校的职责等作了明确规定。未成年人保护法中也有关于校园欺凌行为的处理规定。中小学校发现未成年学生有不良行为或者严重不良行为的，应当按照有关法律规定进行处理。

1. 对不良行为的处理。《中华人民共和国预防未成年人犯罪法》第二十八条规定，不良行为是指未成年人实施的不利于其健康成长的下列行为：（一）吸烟、饮酒；（二）多次旷课、逃学；（三）无故夜不归宿、离家出走；（四）沉迷网络；（五）与社会上具有不良习性的人交往，组织或者参加实施不良行为的团伙；（六）进入法律法规规定未成年人不宜进入的场所；（七）参与赌博、变相赌博，或者参加封建迷信、邪教等活动；（八）阅览、观看或者收听宣扬淫秽、色情、暴力、恐怖、极端等内容的读物、音像制品或者网络信息等；（九）其他不利于未成年人身心健康成长的不良行为。第三十一条规定，学校对有不良行为的未成年学生，应当加强管理教育，不得歧视；对拒不改正或者情节严重的，学校可以根据情况予以处分或者采取以下管理教育措施：（一）予以训导；（二）要求遵守特定的行为规范；（三）要求参加特定的专题教育；（四）要求参加校内服务活动；（五）要求接受社会工作者或者其他专业人员的心理辅导和行为干预；（六）其他适当的管理教育措施。第三十二条规定，学校和家庭应当加强沟通，建立家校合作机制。学校决定对未成年学生采取管理教育措施的，应当及时告知其父母或者其他监护人；未成年学生的父母或者其他监护人应当支持、配合学校进行管理教育。

2. 对严重不良行为的处理。《中华人民共和国预防未成年人犯罪法》第三十八条规定，严重不良行为是指未成年人实施的有刑法规定、因不满法定刑事责任年龄不予刑事处罚的行为，以及严重危害社会的下列行为：（一）结伙斗殴，追逐、拦截他人，强拿硬要或者任意损毁、占用公私财物等寻衅滋事行为；（二）非法携带枪支、弹药或者弩、匕首等国家规定的管制器具；（三）殴打、辱骂、恐吓，或者故意伤害他人身体；（四）盗窃、哄抢、抢夺或者故意损毁公私财物；（五）传播淫秽的读物、音像制品或者信息等；（六）卖淫、嫖娼，或者进行淫秽表演；（七）吸食、注射毒品，或者向他人提供毒品；（八）参与赌博赌资较大；（九）其他严重危害社会的行为。

对有严重不良行为的学生，学校可以按照法定程序，配合家长、有关部门将其转入专门学校接受教育矫治。根据预防未成年人犯罪法第四十三条的规定，对有严重不良行为的未成年人，未成年人所在学校无力管教或者管教无效的，可以向教育行政部门提出申请，经专门教育指导委员会评估同意后，由教育行政部门决定送入专门学校接受专门教育。

3. 提供家庭教育指导服务。需要强调的是，对于有不良行为或者严重不良行为未成年学生的家长，学校也应当提供有针对性的家庭教育指导服务，帮助家长找到问题背后的原因，让他们懂得如何科学地管教自己的子女。例如，《中华人民共和国未成年人保护法》第三十九条第二款中规定，学校对学生欺凌行为应当立即制止，对相关未成年学生的父母或者其他监护人给予必要的家庭教育指导。

◆ **相关规定**

《中华人民共和国预防未成年人犯罪法》第二十八条、第三十一条、第三十二条、第三十三条、第三十四条、第三十五条、第三十八条、第四十三条；《中华人民共和国未成年人保护法》第三十九条；《福建省家庭教育促进条例》第十七条第二款；《贵州省未成年人家庭教育促进条例》第二十六条；《江苏省家庭教育促进条例》第三十二条；《浙江省家庭教育促进条例》第二十二条第二款

第四十四条　婴幼儿照护服务机构、早期教育服务机构应当为未成年人的父母或者其他监护人提供科学养育指导等家庭教育指导服务。

◆ 条文主旨

本条是关于婴幼儿照护服务机构、早期教育服务机构责任的规定。

◆ 立法背景

0—6 岁是儿童身心快速发展的重要时期，也是整个教育的起点。国家高度重视发展早期教育。2017 年《国务院关于印发国家教育事业发展“十三五”规划的通知》明确规定，发展 0—3 岁婴幼儿早期教育。《关于指导推进家庭教育的五年规划（2016—2020 年）》提出要加强儿童早期家庭教育指导服务。《中国儿童发展纲要（2021—2030 年）》要求，加强对家庭和托育机构的婴幼儿早期发展指导服务。近年来，越来越多的家长意识到早期教育的重要性，但普遍缺乏系统科学的养育知识，社会上婴幼儿照护服务机构、早期教育服务机构应运而生、迅速发展。在这一时期为家长提供有针对性的家庭教育指导服务，帮助其系统掌握科学的养育理念和方法，对于促进儿童身心全面健康成长具有重要意义。通过立法规定婴幼儿照护服务机构、早期教育服务机构应当为家长提供科学养育指导等家庭教育指导服务，有利于规范和促进相关机构的良性发展，也有利于进一步拓宽家长获取家庭教育指导服务的渠道，满足家长和儿童日益增长的服务需求。

◆ 条文解读

一、关于婴幼儿照护服务机构、早期教育服务机构

1. 婴幼儿照护服务机构。2019 年，《国务院办公厅关于促进 3 岁以下婴幼儿照护服务发展的指导意见》规定，规范发展多种形式的婴幼儿照护服务机构。举办非营利性婴幼儿照护服务机构的，在婴幼儿照护服务机构所在地的县级以上机构编制部门或民政部门注册登记；举办营利性婴幼儿照护服务机构的，在婴幼儿照护服务机构所在地的县级以上市场监管部门注册登记。婴幼儿照护服务机构经核准登记后，应当及时向当地卫生健康部门备案。登记机关应当及时将有关机构登记信息推送至卫生健康部门。各类婴幼儿照护服务机构可根据家庭的实际需求，提供全日托、半日托、计时托、临时托等多样化的婴幼儿照护服务；随着经济社会发展和人民消费水平提升，提供多层次的婴幼儿照护服务。

2019 年，国家卫健委制定了《托育机构管理规范（试行）》，从保育管理、健康管理、安全管理等方面对提供婴幼儿照护服务的托育机构进行了规范。

2. 早期教育服务机构。2016 年，国家标准《早期教育服务规范》（GB/T 31725-2015）实施。根据该标准，早期教育服务是指在托儿所、幼儿园保育教育活动之外，面对 0—6 岁婴幼儿及其家长，提供旨在促进婴幼儿身心发展的一系列教育活动和过程。早期教育服务机构应当向家长传递科学的早期教育知识和理念，强调家庭对于婴幼儿发展的重要性，与家长建立平等、尊重、信任、富有建设性的合作关系，引导家长有效配合、共同促进儿童发展。

二、机构有提供家庭教育指导服务的义务

本法第十八条规定，未成年人的父母或者其他监护人应当在未成年人进入婴幼儿照护服务机构、幼儿园等重要时段进行有针

对性的学习，掌握科学的家庭教育方法，提高家庭教育的能力。婴幼儿照护服务机构、早期教育服务机构作为父母或者其他监护人学习家庭教育知识的重要渠道，应当在做好未成年人早期保育教育的基础上，充分发挥专业优势，为未成年人的父母或者其他监护人提供家庭教育指导服务。这一阶段的家庭教育指导服务，应当符合该阶段未成年人身心发展的特点，主要做好科学养育指导方面的家庭教育服务。根据 2019 年《全国家庭教育指导大纲（修订）》的要求，0—3 岁儿童家庭教育指导内容要点主要包括：提倡母乳喂养，鼓励主动学习儿童日常养育和照料的科学知识与方法，制订生活规则，丰富儿童感知经验，关注儿童需求，提供言语示范，提高安全意识，加强亲子陪伴，重视发挥家庭各成员角色的作用，做好入园准备等。3—6 岁儿童家庭教育指导内容要点包括：积极带领儿童感知家乡与祖国的美好，引导儿童关心、尊重他人，学会交往，培养儿童规则意识，增强社会适应性，加强儿童营养保健和体育锻炼，丰富儿童感性经验，提高安全意识，培养儿童生活自理能力和劳动意识，科学做好入学准备等。

◆ 相关规定

《湖北省家庭教育促进条例》第五十四条

第四十五条　医疗保健机构在开展婚前保健、孕产期保健、儿童保健、预防接种等服务时，应当对有关成年人、未成年人的父母或者其他监护人开展科学养育知识和婴幼儿早期发展的宣传和指导。

◆ 条文主旨

本条是关于医疗保健机构责任的规定。

◆ **立法背景**

近年来，在全国妇联、国家卫健委等部门的大力推动下，各级医疗保健机构积极利用孕妇学校、家长课堂、咨询门诊等形式，为准父母、儿童家长提供婚前保健、孕产期保健等家庭教育指导服务，取得了良好的社会效果。同时，一些地方家庭教育立法也对医疗保健机构的家庭教育指导责任进行了规定，例如，《江西省家庭教育促进条例》第三十九条规定，妇幼保健院等医疗保健机构应当结合婚前保健、孕产期保健、儿童保健等工作，开展公益性家庭教育指导和0—3岁儿童早期发展指导等服务。医疗保健机构在提供家庭教育指导服务，尤其是科学养育、心理健康保健等方面具有独特的优势，对于推进社会协同开展家庭教育工作具有重要作用。在充分总结实践做法、借鉴地方立法经验、认真研究论证的基础上，对医疗保健机构的职责作了规定，将被实践证明行之有效的做法和经验上升为法律规定。

◆ **条文解读**

一、结合相关业务开展家庭教育指导服务

2016年，国务院《“十三五”卫生与健康规划》要求，大力推行母乳喂养，开展婴幼儿营养与喂养、生长发育及心理行为指导。2019年，国办出台《关于促进3岁以下婴幼儿照护服务发展的指导意见》规定，加强对家庭的婴幼儿早期发展指导，通过入户指导、亲子活动、家长课堂等方式，利用互联网等信息化手段，为家长及婴幼儿照护者提供婴幼儿早期发展指导服务，增强家庭的科学育儿能力。切实做好基本公共卫生服务、妇幼保健服务工作，为婴幼儿家庭开展新生儿访视、膳食营养、生长发育、预防接种、安全防护、疾病防控等服务。《关于指导推进家庭教育的五年规划（2016—2020年）》提出，在80%的妇幼保健机构建立孕妇学校和儿童早期发展基地，50%的婚姻登记处建立新婚夫妇学校或提供婚姻家庭辅导、婚育健康及育儿知识宣传服务。鼓励妇幼保健机构、幼儿园面向社区和家庭开展儿童早期家庭教育服务与指导。

根据基本医疗卫生与健康促进法的相关规定，医疗保健机构负责为公民提供预防、保健、治疗、护理、康复、安宁疗护等全方位全周期的医疗卫生服务。其中，婚前保健、孕产期保健、儿童保健、预防接种等服务的对象主要是新婚夫妇、准家长、家长、未成年人等。本法第十六条规定了家庭教育的主要内容，其中包括保证未成年人营养均衡、科学运动、睡眠充足、身心愉悦，引导其养成良好生活习惯和行为习惯，促进其身心健康发展。第十八条规定了未成年人的父母或者其他监护人应当在孕期等重要时段进行有针对性的学习。规定医疗保健机构在开展相关服务时为上述对象提供家庭教育指导服务，有利于进一步拓展家长接受家庭教育指导的渠道，形成家庭教育需求与供给的闭环，同时发挥医疗保健机构的专业优势，进一步提升家庭教育指导服务的效果。因此，医疗保健机构应当在提供基础服务时，有针对性地增加相关家庭教育指导的内容，传播科学的家庭教育理念，帮助他们掌握相关的家庭教育知识与方法。

二、家庭教育指导服务的内容与方式

1. 医疗保健机构开展家庭教育指导服务的内容主要包括科学养育知识和婴幼儿早期发展指导等。《健康中国行动——儿童青少年心理健康行动方案（2019—2022 年）》要求，医疗卫生机构要积极开展儿童青少年健康教育和科普宣传，倡导儿童青少年保持健康心理状态、科学运动、充足睡眠、合理膳食等，减少心理行为问题和精神障碍诱因。此外，还应当加大科学育儿、预防疾病、及时就医、合理用药、合理膳食、心理健康等知识和技能宣传普及力度，促进儿童养成健康行为习惯，指导开展儿童生长发育监测和评价，加强个性化营养指导，保障儿童营养充足。引导家长关注生命早期1000天健康保障，加强婚前、孕前、孕产期保健和儿童早期发展服务，做好儿童健康管理，关注儿童心理健康等。例如，根据2019年《全国家庭教育指导大纲（修订）》的要求，新婚期及孕期的家庭教育指导要点包括：做好怀孕准备。鼓励备孕夫妇学习优生优育优教的基本知识，并为新生命的诞生做好思想上、物质上的准备。引导备孕夫妇参加健康教育、健康检查、风险评估、咨询指导等专项服务。对于不孕不育者，引导其科学诊断、对症治疗，并给予心理辅导。注重孕期保健。指导孕妇掌握优生优育知识，配合医院进行孕期筛查和产前诊断，做到早发现、早干预；避免烟酒、农药、化肥、辐射等化学物理致畸因素，预防病毒、寄生虫等生物致畸因素的影响；科学增加营养，合理作息，适度运动，进行心理调适，促进胎儿健康发育。对于大龄孕妇、有致畸因素接触史的孕妇、怀孕后有疾病的孕妇以及具有其他不利优生因素的孕妇，督促其做好产前医学健康咨询及诊断。提倡自然分娩。指导孕妇认识自然分娩的益处，科学选择分娩方式；认真做好产前医学检查，并协助舒缓临盆孕妇的焦虑心理。帮助产妇做好情绪调节，预防和妥善应对产后抑郁。做好育儿准备。指导准家长学习育儿基本知识和方法，购置新生儿生活必备用品和保障母婴健康的基本用品。

2. 医疗保健机构提供服务的方式主要包括宣传和指导。《中国儿童发展纲要（2021—2030年）》提出，推进医疗机构规范设置“孕妇学校”和家长课堂，鼓励医疗机构、医务人员、相关社会组织等开展健康科普活动。实践中，医疗保健机构可以依托孕妇学校、生育咨询门诊、微信公众号、微博、短视频等平台，将线下和线上教育相结合，宣传普及孕育健康知识，提升健康素养，结合孕产期保健、婚前保健和计划生育服务，在妇产科门诊、孕妇学校、病房、产房、婚前保健门诊、社区卫生服务中心以及村卫生室等多种场所，对孕产妇、婚前保健人群、儿童家长及其家庭成员进行重点指导。

◆ **相关规定**

《中华人民共和国母婴保健法》第二十四条；《重庆市家庭教育促进条例》第二十六条；《福建省家庭教育促进条例》第三十三条；《湖北省家庭教育促进条例》第三十九条；《江西省家庭教育促进条例》第三十九条；《浙江省家庭教育促进条例》第二十六条

第四十六条 图书馆、博物馆、文化馆、纪念馆、美术馆、科技馆、体育场馆、青少年宫、儿童活动中心等公共文化服务机构和爱国主义教育基地每年应当定期开展公益性家庭教育宣传、家庭教育指导服务和实践活动，开发家庭教育类公共文化服务产品。

广播、电视、报刊、互联网等新闻媒体应当宣传正确的家庭教育知识，传播科学的家庭教育理念和方法，营造重视家庭教育的良好社会氛围。

◆ **条文主旨**

本条是关于社会公共服务机构及新闻媒体责任的规定。

◆ **立法背景**

本法第四条第二款规定，国家和社会为家庭教育提供指导、支持和服务。《关于指导推进家庭教育的五年规划（2016—2020年）》明确提出，统筹推进家庭教育公共文化服务，积极搭建新媒体服务平台。明确社会公共服务机构及新闻媒体参与提供家庭教育指导服务的责任，是建立健全家庭教育公共服务网络的重要措施，有利于进一步拓宽家长获取家庭教育指导服务的渠道，调动社会力量积极参与家庭教育工作，在全社会营造重视家庭教育的良好氛围，促进家庭教育工作全面健康发展。实践中，很多地方积极探索推动完善家庭教育公共服务网络，并通过家庭教育促进立法，对社会公共服务机构和新闻媒体提供家庭教育指导服务、传播家庭教育知识的责任进行了规定。在充分总结实践经验、认真调查研究的基础上，本条作了上述规定。

◆ **条文解读**

一、公共文化服务机构和爱国主义教育基地的责任

2006 年，中共中央办公厅、国务院办公厅出台《关于进一步加强和改进未成年人校外活动场所建设和管理工作的意见》，明确指出公益性未成年人校外活动场所是与学校教育相互联系、相互补充、促进青少年全面发展的实践课堂，是服务、凝聚、教育广大未成年人的活动平台，是加强思想道德建设、推进素质教育、建设社会主义精神文明的重要阵地，在教育引导未成年人树立理想信念、锤炼道德品质、养成行为习惯、提高科学素质、发展兴趣爱好、增强创新精神和实践能力等方面具有重要作用。为了进一步发挥社会公共服务机构的重要作用，保护未成年人的合法权益，促进未成年人身心健康成长，新修订的未成年人保护法对社会公共服务机构向未成年人免费或者优惠开放、开展有益于未成年人身心健康的活动进行了规定，为进一步发挥其平台和阵地作用提供了有力的支撑。

《关于指导推进家庭教育的五年规划（2016—2020 年）》对社会公共服务机构的责任提出了明确要求，公共图书馆、博物馆、文化馆、纪念馆、美术馆、科技馆等公共文化服务阵地，每年至少开展2次公益性的家庭教育讲座或家庭教育亲子活动，积极开发家庭教育公共文化服务产品，提升儿童和家长科学文化素养。深入实施全民阅读工程，定期向广大家长和儿童推荐优秀图书，开展多种形式的家庭读书活动，加强亲子阅读研究与指导，倡导广大家庭多读书、读好书、善读书，使家长和儿童养成阅读习惯。此外，《中国儿童发展纲要（2021—2030年）》也要求，鼓励支持各类教育、科技、文化、体育、娱乐等公益性设施和场所以及城乡社区儿童之家等为开展家庭亲子活动提供条件，提升面向儿童的公共文化服务水平。本法第十六条规定了家庭教育的主要内容，图书馆、博物馆、文化馆、纪念馆、美术馆、科技馆、体育场馆、青少年宫、儿童活动中心等公共文化服务机构和爱国主义教育基地应当认真贯彻落实中央有关文件精神和法律要求，结合自身条件、特点和职责，积极开展家庭教育指导服务和实践活动。例如，可以举办家风家训家教展览、组织开展亲子活动、制作家庭教育文创产品等。

需要说明的是，在草案审议过程中，有的全国人大常委会委员提出，爱国主义教育是家庭教育的主要内容之一，应当在公共文化服务机构外增加“爱国主义教育基地”，作为提供家庭教育重要场所；为了进一步压实相关机构的责任，应当将“定期开展”修改为“每年定期开展”。经研究，我们采纳了这一意见。社会公共服务机构和爱国主义教育基地应当将开展家庭教育宣传、家庭教育指导服务和实践活动纳入年度工作计划，每年定期组织开展相关活动。有关主管部门应当加强监督检查，督促其履行家庭教育工作职责。

二、新闻媒体的责任

新闻媒体是宣传家庭教育、营造重视家庭教育社会氛围的重要力量。2004 年《中共中央、国务院关于进一步加强和改进未成年人思想道德建设的若干意见》要求，积极运用新闻媒体和互联网，面向社会广泛开展家庭教育宣传，普及家庭教育知识，推广家庭教育的成功经验，帮助和引导家长树立正确的家庭教育观念，掌握科学的家庭教育方法，提高科学教育子女的能力。《关于指导推进家庭教育的五年规划（2016—2020 年）》明确要求，继续在广播、电视、报刊等传统媒体设立家庭教育专栏、专题，开展公益宣传，探索建立远程家庭教育服务网络。进一步加快网络家长学校建设，提升网络服务的可及性及有效性。大力拓展微博、微信和手机客户端等新媒体服务平台，借势借力有影响力的自媒体平台，基本搭建覆盖城乡、传统媒体与新媒体深度融合的家庭教育信息共享服务平台。不断增强网络服务功能。积极开发各类数字化的家庭教育服务产品，组织开展线上线下互动的家庭教育公益文化活动，拓展家园、家校共育的信息服务渠道，为家长提供便捷的、个性化的指导服务。

关于新闻媒体的责任，草案一审稿规定，国家鼓励和支持广播、电视、报刊、互联网等新闻媒体开展家庭教育知识宣传。在草案审议过程中，有的全国人大常委会委员提出，应当进一步强化新闻媒体的责任，明确新闻媒体要宣传正确的家庭教育知识，传播科学的家庭教育理念和方法。经研究，我们采纳了这一意见，对草案一审稿作了修改完善。主要包括：

一是进一步压实新闻媒体的责任，国家不是“鼓励和支持”，而是将家庭教育促进工作作为新闻媒体的法定义务，明确新闻媒体“应当”切实履行其应当承担的职责。

二是针对有的媒体传播错误家庭教育理念造成负面影响的问题，进一步规定新闻媒体应当把好内容关，宣传正确的家庭教育知识，传播科学的家庭教育理念和方法。例如，国家广播电视总局《未成年人节目管理规定》第八条规定："国家支持、鼓励含有下列内容的未成年人节目的制作、传播：（一）培育和弘扬社会主义核心价值观；（二）弘扬中华优秀传统文化、革命文化和社会主义先进文化；（三）引导树立正确的世界观、人生观、价值观；（四）发扬中华民族传统家庭美德，树立优良家风；（五）符合未成年人身心发展规律和特点；（六）保护未成年人合法权益和情感，体现人文关怀；（七）反映未成年人健康生活和积极向上的精神面貌；（八）普及自然和社会科学知识；（九）其他符合国家支持、鼓励政策的内容。"

三是要注重营造重视家庭教育的良好社会氛围。近年来，在有关部门的大力推动下，家庭教育工作取得了积极进展，但社会上还存在对家庭教育认识不到位、投入资源不足等问题，新闻媒体应当通过开展家庭教育主题宣传活动、制作家庭教育公益广告和广播电视节目等形式，广泛深入宣传家庭教育的重要作用，促进全社会重视家庭教育，形成良好的社会氛围。

◆ **相关规定**

《中华人民共和国未成年人保护法》第四十四条；《安徽省家庭教育促进条例》第四十一条；《福建省家庭教育促进条例》第三十四条、第三十五条；《湖北省家庭教育促进条例》第四十五条、第四十六条；《江苏省家庭教育促进条例》第三十九条；《山西省家庭教育促进条例》第三十二条

第四十七条 家庭教育服务机构应当加强自律管理，制定家庭教育服务规范，组织从业人员培训，提高从业人员的业务素质和能力。

◆ **条文主旨**

本条是关于家庭教育服务机构加强行业自律的规定。

◆ **立法背景**

近年来，随着全社会对家庭教育重视程度的提高，社会上各类家庭教育服务机构的数量不断增加，发展十分迅速。与此同时，一些部门、家长反映，市场上的家庭教育服务机构鱼龙混杂，有的管理不规范，缺乏科学的教材和固定的师资队伍，有的从业人员素质较差，严重影响家庭教育服务的质量，制约了家庭教育服务行业的发展。家庭教育服务机构是促进家庭教育事业发展的重要力量，本法第三十六条第一款、第二款规定，自然人、法人和非法人组织可以依法设立非营利性家庭教育服务机构。县级以上地方人民政府及有关部门可以采取政府补贴、奖励激励、购买服务等扶持措施，培育家庭教育服务机构。为了促进家庭教育服务行业健康持续发展，一方面，教育、民政、卫生健康、市场监督管理等有关部门要加强对家庭教育服务机构及从业人员的指导和监督；另一方面，家庭教育服务机构也应当加强行业自律，不断提高服务质量和水平。

◆ **条文解读**

一、加强自律管理

《关于指导推进家庭教育的五年规划（2016—2020 年）》明确提出，指导鼓励相关社会组织为儿童和家庭提供常态化、规范化的家庭教育指导服务，完善准入和监管评估机制，建立健全行业规范，加强行业自律，推进家庭教育社会组织规范有序发展，逐步培育形成家庭教育社会支持体系。

建立自律管理机制，强化自律管理水平，是保障家庭教育服务机构提供合格家庭教育指导服务的重要抓手，也是促进家庭教育行业健康规范发展的迫切需要。家庭教育服务机构应当采取切实措施，加强行业自律管理：一是认真学习贯彻中央有关家庭教育的政策精神，例如，中央关于减轻义务教育阶段学生作业负担和校外培训负担的文件精神，全国家庭教育指导大纲等。二是严格遵守相关法律法规的规定，如家庭教育促进法、未成年人保护法、地方家庭教育促进条例等。三是制定完善内部管理制度，规范从业人员管理，保证机构正常规范运转。四是自觉接受教育、民政、卫生健康、市场监督管理等有关部门的指导和监督，积极配合有关部门推进家庭教育工作，不得有本法第五十二条规定的违法行为，如未依法办理设立手续；从事超出许可业务范围的行为或作虚假、引人误解宣传；侵犯未成年人及其父母或者其他监护人的合法权益等。

二、制定家庭教育服务规范

本法第二十四条规定，国务院应当组织有关部门制定、修订并及时颁布全国家庭教育指导大纲。省级人民政府或者有条件的设区的市级人民政府应当组织有关部门编写或者采用适合当地实际的家庭教育指导读本，制定相应的家庭教育指导服务工作规范和评估规范。

家庭教育服务是为准家长、家长如何进行家庭教育提供指导的服务，具有很强的针对性和专业性。其服务质量的高低，直接影响到接受指导的每一个家庭。无论是非营利性的家庭教育服务机构，还是以营利为目的进行家庭教育指导的企业，都应当重视和保证家庭教育服务的质量，制定专门的服务规范。目前，全国没有统一的家庭教育服务规范标准，家庭教育服务机构应当在教育、民政、卫生健康、市场监督管理等有关部门的指导和监督下，参照全国家庭教育指导大纲和省市级家庭教育指导服务工作规范，制定本机构的家庭教育服务规范，从服务提供者、服务人员、从业人员资质、服务内容、课程设置、服务实施、服务质量评价与改进等方面对家庭教育指导服务提出专业要求。

三、组织从业人员培训，提高其业务素质和能力

2019 年《全国家庭教育指导大纲（修订）》明确规定，家庭教育指导应当遵循家庭教育规律，为家长提供科学化、专业化、规范化的服务，家庭教育指导机构和指导者应具备相应的专业资质和能力。

目前，我国家庭教育服务机构从业人员的质量参差不齐，有的没有经过培训就上岗提供服务，有的虽然参加过培训但培训本身就不规范，还有的只有理论基础缺乏实际工作经验，直接影响了家庭教育指导服务的质量。家庭教育指导的内容十分丰富，包含科学养育、心理辅导、早期教育、冲突解决等，涉及社会学、心理学、教育学、医学、文化学等多学科，对家庭教育服务机构从业人员的专业素质和能力有较高的要求。因此，为了进一步提升家庭教育指导服务的科学化、专业化、规范化水平，家庭教育服务机构应当高度重视从业人员培训，着力提升其专业素质和业务能力。一是在当地有关部门的指导下，对从业人员的准入要求作出明确规定；二是制定系统的培训规划，对其从业人员进行多维度、多层级的系统性培训，为不同起点的从业人员走向专业化提供学习和发展空间；三是结合当地实际情况，依托有条件的高校、研究机构或互联网平台等，开发适合本地区实际的培训课程和大纲；四是进一步丰富形式，通过邀请专家学者授课、组织交流论坛、开展社会实践等，提升从业人员的专业素质和能力。

◆ **相关规定**

《福建省家庭教育促进条例》第三十八条；《湖北省家庭教育促进条例》第四十二条；《江西省家庭教育促进条例》第四十四条；《山西省家庭教育促进条例》第三十三条

第五章 法律责任

第四十八条 未成年人住所地的居民委员会、村民委员会、妇女联合会，未成年人的父母或者其他监护人所在单位，以及中小学校、幼儿园等有关密切接触未成年人的单位，发现父母或者其他监护人拒绝、怠于履行家庭教育责任，或者非法阻碍其他监护人实施家庭教育的，应当予以批评教育、劝诫制止，必要时督促其接受家庭教育指导。

未成年人的父母或者其他监护人依法委托他人代为照护未成年人，有关单位发现被委托人不依法履行家庭教育责任的，适用前款规定。

◆ 条文主旨

本条规定了父母或者其他监护人拒绝、怠于履行家庭教育责任的法律责任。

◆ 立法背景

父母是子女的第一任老师，一言一行都对未成年人的身心成长有着潜移默化的影响。社会转型加快的同时，家庭教育逐渐暴露出一系列问题。有些家长教育理念过时；有些家长教育行为过激；有些家长无法给孩子提供良好的成长环境……重养轻教、重知轻能等现象仍然存在。不科学不规范的家庭教育，无法给未成年人带来积极的引导。父母或其他监护人承担家庭教育的主体责任。父母或者其他监护人拒绝、怠于履行家庭教育责任，或者非法阻碍其他监护人实施家庭教育，应当承担相应的法律责任。本法在审议过程中，有的意见提出，应明确委托照护情形下被委托人不依法履行家庭教育责任的法律责任。宪法和法律委员会经研究，采纳了这一意见。

◆ **条文解读**

一、父母或者其他监护人拒绝、怠于履行家庭教育责任，或者非法阻碍其他监护人实施家庭教育的情形

本法第二章关于家庭责任的规定，对父母或者其他监护人实施家庭教育作出规定，违反本法规定，拒绝、怠于履行家庭教育责任，或者非法阻碍其他监护人，应当按照本条规定追究相应的法律责任。

1. 拒绝、怠于履行家庭教育责任。主要是指未成年人父母或者其他监护人能够履行而故意不履行家庭教育责任，或者虽未明确表示不履行但消极履行家庭教育责任。结合本法第二章的有关规定，未成年人父母或者其他监护人拒绝、怠于履行家庭教育责任的表现形式有多种，比如，违反本法第十四条规定，未承担对未成年人实施家庭教育的主体责任，未用正确思想、方法和行为教育未成年人养成良好思想、品行和习惯。再比如，违反本法第二十二条规定，没有合理安排未成年人学习、休息、娱乐和体育锻炼的时间，放任未成年人沉迷网络等。

2. 非法阻碍其他监护人实施家庭教育。主要是指存在其他监护人的情形下，阻碍其他监护人实施家庭教育。比如，违反本法

第二十条规定，未成年人的父母分居或者离异的，一方阻碍另一方实施家庭教育。

二、居民委员会、村民委员会、妇女联合会、监护人所在单位、中小学校、幼儿园等单位予以批评教育、劝诫制止，必要时督促其接受家庭教育指导

1. 批评教育。《中华人民共和国预防未成年人犯罪法》第十六条规定，未成年人的父母或者其他监护人对未成年人的预防犯罪教育负有直接责任，应当依法履行监护职责，树立优良家风，培养未成年人良好品行；发现未成年人心理或者行为异常的，应当及时了解情况并进行教育、引导和劝诫，不得拒绝或者怠于履行监护职责。未成年人住所地的居民委员会、村民委员会、妇女联合会，未成年人的父母或者其他监护人所在单位，以及中小学校、幼儿园等有关密切接触未成年人的单位发现父母或者其他监护人不履行家庭教育职责，存在拒绝、怠于履行家庭教育责任，或者非法阻碍其他监护人实施家庭教育的，应直接予以批评教育。批评教育是和正面教育相对的概念，通过批评指出错误，要求改正错误的教育方式。思想教育工作不仅要从正面讲道理，而且要对教育对象的错误进行针锋相对的剖析和批评，指出其错误的严重性和危害性。这种以批评为主的教育方式，一般是在教育对象犯有原则性错误或坚持错误思想，经耐心教育无效，并造成不良影响时才采用的。批评教育，是以批评错误为主，但绝不是一味地批评，而是要在批评中进行正面教育和启发疏导，使批评和正面引导相结合。

2. 劝诫制止。一般情况下，未成年人住所地的居民委员会、村民委员会、妇女联合会，未成年人的父母或者其他监护人所在单位，以及中小学校、幼儿园等有关密切接触未成年人的单位发现父母或者其他监护人不履行家庭教育职责，存在拒绝、怠于履行家庭教育责任，或者非法阻碍其他监护人实施家庭教育的，应直接予以劝诫制止。劝诫、制止，主要是对父母或者其他监护人进行教育，使其纠正错误，正确履行监护职责，停止违法行为。《中华人民共和国未成年人保护法》第一百一十八条第一款规定，未成年人的父母或者其他监护人不依法履行监护职责或者侵犯未成年人合法权益的，由其居住地的居民委员会、村民委员会予以劝诫、制止；情节严重的，居民委员会、村民委员会应当及时向公安机关报告。

3. 必要时督促其接受家庭教育指导。本法第三十八条规定，居民委员会、村民委员会可以依托城乡社区公共服务设施，设立社区家长学校等家庭教育指导服务站点，配合家庭教育指导机构组织面向居民、村民的家庭教育知识宣传，为未成年人的父母或者其他监护人提供家庭教育指导服务。未成年人的父母或者其他监护人不依法履行家庭教育职责，存在拒绝、怠于履行家庭教育责任，或者非法阻碍其他监护人实施家庭教育的，很多情况下是缺乏家庭教育的基本常识和训练。为了从根本上纠正父母或者其他监护人的行为，未成年人住所地的居民委员会、村民委员会、妇女联合会，未成年人的父母或者其他监护人所在单位，以及中小学校、幼儿园等有关密切接触未成年人的单位，必要时应督促父母或者其他监护人接受家庭教育指导。为了从根本上纠正父母或者其他监护人的行为，督促其接受家庭教育指导是一种有效的方式。家庭教育指导的主要目的，是教育和引导未成年人的父母或者其他监护人加强自我约束，为子女健康成长营造良好的家庭环境。责令接受家庭教育指导，就是要求未成年人父母及其他监护人到提供教育服务的家长学校，以及有关国家机关、人民团体、企业事业单位和社会组织，接受教育指导，更新家庭教育观念，提高做好监护人的意识和能力，以更好地对未成年人进行家庭保护。

三、委托照护情形下被委托人不依法履行家庭教育责任的法律责任

根据本法第二十一条规定，未成年人的父母或者其他监护人依法委托他人代为照护未成年人的，应当与被委托人、未成年人保持联系，定期了解未成年人学习、生活情况和心理状况，与被委托人共同履行家庭教育责任。可见，在委托照护情形下，被委托人与未成年人的父母或者其他监护人应共同履行家庭教育责任。如果被委托人不依法履行家庭教育责任，违反本法第二章的相关规定，适用本条第一款规定，承担相应的法律责任。《中华人民共和国未成年人保护法》第四十三条第二款中规定，居民委员会、村民委员会应当协助政府有关部门监督未成年人委托照护情况，发现被委托人缺乏照护能力、怠于履行照护职责等情况，应当及时向政府有关部门报告，并告知未成年人的父母或者其他监护人，帮助、督促被委托人履行照护职责。

在法律责任方面，《江苏省家庭教育促进条例》规定，父母或者其他监护人不履行家庭教育义务，或者有殴打、恐吓等家庭暴力行为，侵害未成年人合法权益的，其所在单位、未成年人就读学校、乡镇人民政府、街道办事处以及村民委员会、居民委员会等相关单位和组织应当予以劝诫、批评教育。公安机关接到报案后应当及时依法处理，并可以责令其接受家庭教育指导。《湖北省家庭教育促进条例》规定，未成年人的父母或者其他监护人不履行家庭教育责任，或者采取暴力、羞辱等不当方式实施家庭教育，侵害未成年人合法权益的，由其居住地的村（居）民委员会予以劝诫、制止；情节严重的，村（居）民委员会应当及时向公安机关报告。

◆ **相关规定**

《中华人民共和国预防未成年人犯罪法》第十六条；《中华人

民共和国未成年人保护法》第四十三条、第一百一十八条；《江苏省家庭教育促进条例》第四十二条；《湖北省家庭教育促进条例》第四十八条

第四十九条 公安机关、人民检察院、人民法院在办理案件过程中，发现未成年人存在严重不良行为或者实施犯罪行为，或者未成年人的父母或者其他监护人不正确实施家庭教育侵害未成年人合法权益的，根据情况对父母或者其他监护人予以训诫，并可以责令其接受家庭教育指导。

◆ 条文主旨

本条规定了公安机关、人民检察院、人民法院的法律责任。

◆ 立法背景

随着我国社会转型速度加快，传统的家庭结构和功能发生深刻变化，因家庭教育缺失引发的问题日益凸显，引起社会广泛关注。由于监护缺失、家庭教育缺位导致部分未成年人受伤害的极端事件屡有发生；一些监护人的家庭教育主体责任意识不强，有的甚至将实施家庭暴力混同为家庭教育方式。家庭教育不仅是家庭内部事务，也事关公共福祉。本法通过制度设计采取一系列措施，将家庭教育由旧时期的传统“家事”上升为新时代的重要“国事”。本条对公安机关、人民检察院、人民法院干预家庭教育的情形和主要措施，以及对强制家庭教育指导的实施作出规定，旨在培育和践行社会主义核心价值观，引导全社会注重家庭、家教、家风，增进家庭幸福与社会和谐。

◆ 条文解读

一、公安机关、人民检察院、人民法院在办理案件过程中发现的相关情形

1. 未成年人存在严重不良行为或者实施犯罪行为。严重不良行为是指严重危害社会，尚不够刑事处罚的违法行为。从概念上讲，严重不良行为与不良行为在违反社会规范这一点上没有区别，但存在程度上的差别。而程度上的差别有可能改变行为的性质，使对严重不良行为的处理由家庭或学校的干预扩大到司法机关的干预。《中华人民共和国预防未成年人犯罪法》第三十八条规定，本法所称严重不良行为，是指未成年人实施的有刑法规定、因不满法定刑事责任年龄不予刑事处罚的行为，以及严重危害社会的下列行为：（1）结伙斗殴，追逐、拦截他人，强拿硬要或者任意损毁、占用公私财物等寻衅滋事行为；（2）非法携带枪支、弹药或者弩、匕首等国家规定的管制器具；（3）殴打、辱骂、恐吓，或者故意伤害他人身体；（4）盗窃、哄抢、抢夺或者故意损毁公私财物；（5）传播淫秽的读物、音像制品或者信息等；（6）卖淫、嫖娼，或者进行淫秽表演；（7）吸食、注射毒品，或者向他人提供毒品；（8）参与赌博赌资较大；（9）其他严重危害社会的行为。犯罪行为是指对社会有危害性，触犯刑法且受刑罚处罚的行为。实践中，具体情形多种多样，比如：未成年人被公安机关处以行政处罚，或者因未达到法定年龄不予行政处罚的；未成年人因犯罪情节轻微被人民检察院依法作出不起诉决定，或者被人民检察院依法作出附条件不起诉决定的；未成年人被追究刑事责任，或者因未达到刑事责任年龄不予刑事处罚的；等等。

2. 未成年人的父母或者其他监护人不正确实施家庭教育侵害

未成年人合法权益的。本法第二章对家庭责任作出了详细规定。例如，本法第十五条规定了家庭环境建设，第十六条对家庭教育的内容作出规定，第十七条规定了家庭教育的方式，第二十条对未成年人的父母分居或者离异的家庭教育作出规定，第二十一条规定了委托照护情形下的家庭教育，等等。未成年人的父母或者其他监护人应按照本法规定，正确实施家庭教育，对于不正确实施家庭教育侵害未成年人合法权益的，属于本条规定的违法情形。《中华人民共和国预防未成年人犯罪法》第六十一条规定，公安机关、人民检察院、人民法院在办理案件过程中发现实施严重不良行为的未成年人的父母或者其他监护人不依法履行监护职责的，应当予以训诫，并可以责令其接受家庭教育指导。《中华人民共和国未成年人保护法》第一百一十八条规定，未成年人的父母或者其他监护人不依法履行监护职责或者侵犯未成年人合法权益的，由其居住地的居民委员会、村民委员会予以劝诫、制止；情节严重的，居民委员会、村民委员会应当及时向公安机关报告。公安机关接到报告或者公安机关、人民检察院、人民法院在办理案件过程中发现未成年人的父母或者其他监护人存在上述情形的，应当予以训诫，并可以责令其接受家庭教育指导。

二、根据情况对父母或者其他监护人予以训诫，并可以责令其接受家庭教育指导

公安机关、人民检察院、人民法院在办理案件过程中，发现未成年人存在严重不良行为或者实施犯罪行为，或者未成年人的父母或者其他监护人不正确实施家庭教育侵害未成年人合法权益的，根据具体情况进行司法干预，予以训诫，并可以责令其接受家庭教育指导。

1. 予以训诫。训诫，是指公安机关、人民检察院、人民法院对有轻微违法行为的人进行批评教育，并责令其改正、不得再犯的一种处罚方式。训诫作为一种非刑罚的处理方法，可以产生感化、教育效应，进而预防和减少犯罪。在司法实践中，训诫通常针对违法犯罪情节轻微免予处罚、妨害诉讼活动、违反法庭规则等行为。根据情况，对父母或者其他监护人进行训诫，可以起到警示的效果，提示行为人改正错误。在训诫过程中，公安机关、人民检察院、人民法院应严肃地指出行为人的违法行为，分析其危害性，并责令其努力改正。

2. 可以责令其接受家庭教育指导。为了从根本上纠正父母或者其他监护人的行为，责令其接受家庭教育指导是一种有效的方式。家庭教育指导的主要目的，是教育和引导未成年人的父母或者其他监护人加强自我约束，为子女健康成长营造良好的家庭环境。责令接受家庭教育指导，就是要求未成年人父母及其他监护人到提供教育服务的家长学校，以及有关国家机关、人民团体、企业事业单位和社会组织，接受教育指导，更新家庭教育观念，提高做好监护人的意识和能力，以更好地对未成年人进行家庭保护。

最高人民检察院、中华全国妇女联合会、中国关心下一代工作委员会联合印发的《关于在办理涉未成年人案件中全面开展家庭教育指导工作的意见》中规定，家庭教育指导内容包括但不限于以下方面：(1) 教育未成年人的父母或者其他监护人培养未成年人法律素养，提高守法意识和自我保护能力；(2) 帮助未成年人的父母或者其他监护人强化监护意识，履行家庭教育主体责任；(3) 帮助未成年人的父母或者其他监护人培养未成年人良好道德行为习惯，树立正确价值观；(4) 教导未成年人的父母或者其他监护人对未成年人采取有效的沟通方式；(5) 引导未成年人的父母或者其他监护人改变不当的教育方式；(6) 指导未成年人的父母或者其他监护人重塑良好家庭关系，营造和谐家庭氛围；(7) 协助未成年人的父母或者其他监护人加强对未成年人的心理辅导，促进未成年人健全人格的养成。

在法律责任方面，《福建省家庭教育促进条例》第四十一条规定："公安机关、人民检察院、人民法院在执法办案中发现未成年人有下列情形之一，父母或者其他监护人对其不履行家庭教育责任的，可以责令其父母或者其他监护人接受家庭教育指导，履行家庭教育职责：（一）未成年人被公安机关处以行政处罚，或者因未达到法定年龄不予行政处罚；（二）未成年人涉嫌犯罪，人民检察院作出相对不起诉或者附条件不起诉决定；（三）未成年人被追究刑事责任，或者因未达到刑事责任年龄不予追究刑事责任。作出责令接受家庭教育指导决定的公安机关、人民检察院、人民法院可以会同教育行政部门和妇女联合会，委托有关学校、家庭教育指导服务站点、专业心理咨询机构等对父母或者其他监护人进行家庭教育指导。父母或者其他监护人被有关机关责令接受家庭教育指导，无正当理由拒不参加的，作出决定的机关可以责令改正，依法对其进行训诫。"《重庆市家庭教育促进条例》规定，父母或者其他监护人不依法履行家庭教育职责，经教育不改的，人民法院可以依法根据有关人员或者有关单位的申请，撤销其监护人的资格，另行指定监护人。

◆ **相关规定**

《中华人民共和国预防未成年人犯罪法》第三十八条、第六十一条；《中华人民共和国未成年人保护法》第一百一十八条；《福建省家庭教育促进条例》第四十一条；《重庆市家庭教育促进条例》第四十一条

第五十条　负有家庭教育工作职责的政府部门、机构有下列情形之一的，由其上级机关或者主管单位责令限期改正；情节严重的，对直接负责的主管人员和其他直接责任人员依法予以处分：

（一）不履行家庭教育工作职责；

（二）截留、挤占、挪用或者虚报、冒领家庭教育工作经费；

（三）其他滥用职权、玩忽职守或者徇私舞弊的情形。

◆ 条文主旨

本条是关于负有家庭教育工作职责的政府部门、机构的法律责任的规定。

◆ 立法背景

未成年人的父母或者其他监护人是实施家庭教育的责任主体。政府、学校、社会为家庭教育提供支持，促进家庭教育。必要时，国家对家庭教育进行干预。负有家庭教育工作职责的政府部门、机构应当依照本法规定履行相应的职责。如果实施了本条规定的违法行为，应当根据情节轻重，承担相应的法律责任。

◆ 条文解读

一、违法行为

本法对负有家庭教育工作职责的政府部门、机构开展家庭教育工作作出规定，违反这些规定，不履行家庭教育工作职责，或者截留、挤占、挪用或者虚报、冒领家庭教育工作经费，或者其他滥用职权、玩忽职守或者徇私舞弊的情形，应当按照本条规定追究相应的法律责任。

1. 不履行家庭教育工作职责。主要是指负有家庭教育工作职责的政府部门、机构违反本法第三章关于国家支持的规定，不履行家庭教育相关的工作职责。比如，本法第三十条规定，设区的市、县、乡级人民政府应当结合当地实际采取措施，对留守未成年人和困境未成年人家庭建档立卡，提供生活帮扶、创业就业支持等关爱服务，为留守未成年人和困境未成年人的父母或者其他监护人实施家庭教育创造条件。教育行政部门、妇女联合会应当采取有针对性的措施，为留守未成年人和困境未成年人的父母或者其他监护人实施家庭教育提供服务，引导其积极关注未成年人身心健康状况、加强亲情关爱。负有家庭教育工作职责的政府部门、机构不履行上述规定，属于本条规定的违法行为。

2. 截留、挤占、挪用或者虚报、冒领家庭教育工作经费。县级以上人民政府应当制定家庭教育工作专项规划，将家庭教育指导服务纳入城乡公共服务体系和政府购买服务目录，将相关经费列入财政预算，鼓励和支持以政府购买服务的方式提供家庭教育指导。负有家庭教育工作职责的政府部门、机构违反规定，截留、挤占、挪用或者虚报、冒领家庭教育工作经费，属于本条规定的违法行为。

3. 其他滥用职权、玩忽职守或者徇私舞弊的情形。“滥用职权”是指国家机关工作人员超越职权，违法决定、处理其无权决定、处理的事项，或者违反规定处理公务的行为。“玩忽职守”是指国家机关工作人员不负责任，不履行或者不认真履行职责的行为。“徇私舞弊”是指国家机关工作人员为徇个人私情、私利，不秉公执法，置国家和人民利益于不顾的行为。

二、法律责任

为体现过罚相当原则，有本条规定的违法行为，由其上级机关或者主管单位责令限期改正；情节严重的，对直接负责的主管人员和其他直接责任人员依法予以处分。

责令限期改正是指由其上级机关或者主管单位责令违法行为人，在规定的期限内，对相应的违法行为进行整改，停止和纠正违法行为，维持法定的秩序或者状态。这里所指的“直接负责的主管人员”，是指在单位违法行为中负有直接领导责任的人员，包括违法行为的决策人，事后对单位违法行为予以认可和支持的领导人员，以及由于疏于管理或放任而对单位违法行为负有不可推卸的责任的领导人员。这里所说的“其他直接责任人员”，是指直接实施违法行为的人员。依据公务员法、监察法相关规定，处分包括警告、记过、记大过、降级、撤职、开除 6 种形式。

在法律责任方面，《江苏省家庭教育促进条例》第四十六条规定：“负有家庭教育工作职责的政府部门、机构有下列情形之一，由其上级机关或者主管单位责令改正；情节严重的，对直接负责的主管人员和其他责任人员依法给予处分；构成犯罪的，依法追究刑事责任：（一）不履行家庭教育工作职责的；（二）截留、挤占、挪用或者虚报、冒领家庭教育工作经费的；（三）其他滥用职权、玩忽职守或者徇私舞弊的情形。”《福建省家庭教育促进条例》第四十二条规定：“负有家庭教育工作职责的地方人民政府有关部门、人民团体有下列情形之一的，其上级机关或者主管单位应当责令改正；情节严重的，对直接负责的主管人员和其他责任人员依法给予处分；构成犯罪的，依法追究刑事责任：（一）不履行家庭教育工作职责；（二）截留、挤占、挪用或者虚报家庭教育工作经费；（三）其他滥用职权、玩忽职守或者徇私舞弊的行为。”

◆ 相关规定

《中华人民共和国公务员法》第六十二条；《中华人民共和国监察法》第四十五条；《江苏省家庭教育促进条例》第四十六条；《福建省家庭教育促进条例》第四十三条

第五十一条 家庭教育指导机构、中小学校、幼儿园、婴幼儿照护服务机构、早期教育服务机构违反本法规定，不履行或者不正确履行家庭教育指导服务职责的，由主管部门责令限期改正；情节严重的，对直接负责的主管人员和其他直接责任人员依法予以处分。

◆ 条文主旨

本条是关于家庭教育指导机构、中小学校、幼儿园、婴幼儿照护服务机构、早期教育服务机构的法律责任的规定。

◆ 立法背景

家庭教育指导机构、中小学校、幼儿园、婴幼儿照护服务机构、早期教育服务机构，作为密切接触未成年人的单位，承担着家庭教育指导服务职责，将家庭教育、社会教育、学校教育更好地衔接起来。如果家庭教育指导机构、中小学校、幼儿园、婴幼儿照护服务机构、早期教育服务机构违反本法规定，不履行或者不正确履行家庭教育指导服务职责的，应承担相应的法律责任。

◆ 条文解读

一、违法行为

加强家庭教育指导服务，有助于帮助家长树立正确的教育观念，合理安排孩子的学习、锻炼和休息时间。规范婴幼儿照护服务机构、早期教育服务机构，营造健康的教育生态，大力宣传普及全面发展、人人皆可成才、终身学习等科学教育理念，提供更优质的家庭教育指导服务。

本法对家庭教育指导机构、中小学校、幼儿园、婴幼儿照护服务机构、早期教育服务机构应承担的家庭教育指导服务职责作出了规定。比如，本法第二十八条第二款规定："家庭教育指导机构对辖区内社区家长学校、学校家长学校及其他家庭教育指导服务站点进行指导，同时开展家庭教育研究、服务人员队伍建设和培训、公共服务产品研发。"本法第二十九条规定："家庭教育指导机构应当及时向有需求的家庭提供服务。对于父母或者其他监护人履行家庭教育责任存在一定困难的家庭，家庭教育指导机构应当根据具体情况，与相关部门协作配合，提供有针对性的服务。"本法第三十一条规定："家庭教育指导机构开展家庭教育指导服务活动，不得组织或者变相组织营利性教育培训。"本法第三十九条规定："中小学校、幼儿园应当将家庭教育指导服务纳入工作计划，作为教师业务培训的内容。"本法第四十一条规定："中小学校、幼儿园应当根据家长的需求，邀请有关人员传授家庭教育理念、知识和方法，组织开展家庭教育指导服务和实践活动，促进家庭与学校共同教育。"本法第四十二条规定："具备条件的中小学校、幼儿园应当在教育行政部门的指导下，为家庭教育指导服务站点开展公益性家庭教育指导服务活动提供支持。"本法第四十三条规定："中小学校发现未成年学生严重违反校规校纪的，应当及时制止、管教，告知其父母或者其他监护人，并为其父母或者其他监护人提供有针对性的家庭教育指导服务；发现未成年学生有不良行为或者严重不良行为的，按照有关法律规定处理。"本地第四十四条规定："婴幼儿照护服务机构、早期教育服务机构应当为未成年人的父母或者其他监护人提供科学养育指导等家庭教育指导服务。"如果家庭教育指导机构、中小学校、幼儿园、婴幼儿照护服务机构、早期教育服务机构违反上述规定，不履行或者不正确履行家庭教育指导服务职责的，属于本条规定的违法行为。

二、法律责任

1. 由主管部门责令限期改正。责令限期改正是指主管部门在规定的期限内，责令违法行为人，对相应的违法行为进行整改，停止和纠正违法行为，维持法定的秩序或者状态。

2. 情节严重的，对直接负责的主管人员和其他直接责任人员依法予以处分。处分的对象是直接负责的主管人员和其他直接责任人员。“直接负责的主管人员”，是指在单位违法行为中负有直接领导责任的人员，包括违法行为的决策人、事后对单位违法行为予以认可和支持的领导人员以及因疏于管理或放任对单位违法行为负有不可推卸责任的领导人员。“其他直接责任人员”，是指直接实施违法行为的人员。处分包括警告、记过、记大过、降级、撤职、开除。

《湖北省家庭教育促进条例》第五十条规定：“学校、幼儿园有下列情形之一的，县级以上人民政府教育行政主管部门应当责令改正，并依法进行处理：（一）未按照要求开展家庭教育指导工作的；（二）违反规定收取家庭教育服务费用或者以营利为目的开展家庭教育指导活动的；（三）其他不依法履行家庭教育指导职责的行为。”《贵州省未成年人家庭教育促进条例》第三十八条规定：“幼儿园、中小学、中等职业学校有下列情形之一的，由其主管部门责令改正：（一）未设立家长学校和家长委员会，或者家长学校和家长委员会未按照要求开展家庭教育指导服务工作的；（二）违反有关规定收取家庭教育服务费用的；（三）其他不履行或者不适当履行家庭教育指导服务工作的。”

◆ **相关规定**

《湖北省家庭教育促进条例》第五十条、《贵州省未成年人家庭教育促进条例》第三十八条

第五十二条 家庭教育服务机构有下列情形之一的，由主管部门责令限期改正；拒不改正或者情节严重的，由主管部门责令停业整顿、吊销营业执照或者撤销登记：

（一）未依法办理设立手续；

（二）从事超出许可业务范围的行为或作虚假、引人误解宣传，产生不良后果；

（三）侵犯未成年人及其父母或者其他监护人合法权益。

◆ 条文主旨

本条是关于家庭教育服务机构的法律责任的规定。

◆ 立法背景

自然人、法人和非法人组织可以依法设立非营利性家庭教育服务机构。县级以上地方人民政府及有关部门可以采取政府补贴、奖励激励、购买服务等扶持措施，培育家庭教育服务机构。当前，部分家庭教育服务机构存在发育不健全、发展不规范、服务水平有待提高的问题。借助社会力量有助于开展家庭教育的专业服务，但是家庭教育服务机构的具体经营方向、监管等，不能仅靠行业自律和倡导，如果管理不到位，服务机构的水平参差不齐，甚至炒作为高营利机构，就违背了政府补贴和鼓励的初衷。故本条对于家庭教育服务机构的法律责任作出规定。

◆ 条文解读

一、违法行为

1. 未依法办理设立手续。本法规定，自然人、法人和非法人组织可以依法设立非营利性家庭教育服务机构。国家鼓励设立非营利性家庭教育服务机构。同时，也未禁止设立营利性家庭教育服务机构。设立非营利性家庭教育机构，需要到民政部门办理相关手续，依法设立；设立营利性家庭教育机构，需要到市场监管部门依法登记，办理相关手续。如果未依法办理设立手续，就属于本条规定的违法行为。

2. 从事超出许可业务范围的行为或作虚假、引人误解宣传，产生不良后果。家庭教育服务机构从事的行为不得超出许可业务范围，从事超出许可业务范围的行为属于本条规定的违法行为。比如，组织或变相组织面向未成年人的学科教育培训活动等。家庭教育服务机构不得作虚假、引人误解宣传，产生不良后果。虚假宣传是指宣传的内容与客观事实不相符；引人误解的宣传是指可能使宣传对象或受宣传影响的人对真实情况发生错误的联想，从而影响其决策及判断的宣传。《中华人民共和国广告法》第四条第一款规定，广告不得含有虚假或者引人误解的内容，不得欺骗、误导消费者。

3. 侵犯未成年人及其父母或者其他监护人合法权益。家庭教育服务机构设立的初衷是提供更优质的家庭教育服务，教育服务机构应当加强自律管理，制定家庭教育服务规范，组织从业人员培训，提高从业人员的业务素质和能力。对于在家庭教育服务过程中侵犯未成年人及其父母或者其他监护人合法权益的行为，应承担相应的法律责任。

二、法律责任

1. 责令限期改正。责令限期改正是指主管部门责令违法行为人，在规定的期限内，对相应的违法行为进行整改，停止和纠正违法行为，维持法定的秩序或者状态。

2. 拒不改正或者情节严重的，责令停业整顿、吊销营业执照或者撤销登记。如果家庭教育服务机构在规定的期限内不纠正违法行为或者违法行为情节严重的，由主管部门根据实际情况，责令在一定时间内停止营业活动，进行整顿，吊销营业执照或者撤销登记。

《湖北省家庭教育促进条例》第五十二条规定："从事家庭教育服务的机构及其工作人员有下列情形之一的，由有关行政主管部门责令改正，依法进行处理：（一）唆使、引诱未成年人违法犯罪的；（二）宣传封建迷信、邪教、暴力、色情等非法内容的；（三）泄露未成年人及其家庭隐私或者其他个人信息的；（四）未依法登记的；（五）违规收取费用的；（六）其他违反相关法律法规的行为。"《江西省家庭教育促进条例》第四十六条规定："从事家庭教育服务的机构和组织有下列情形之一的，按照管理权限由有关主管部门依法处理：（一）未依法登记，擅自从事家庭教育活动的；（二）违反有关规定收取家庭教育服务费用的；（三）宣传封建迷信、邪教、暴力、色情等非法内容的；（四）泄露未成年人及其家庭成员隐私的；（五）唆使、引诱未成年人违法犯罪的；（六）其他违反相关法律法规的行为。"

◆ **相关规定**

《中华人民共和国广告法》第四条；《湖北省家庭教育促进条例》第五十二条；《江西省家庭教育促进条例》第四十六条

第五十三条　未成年人的父母或者其他监护人在家庭教育过程中对未成年人实施家庭暴力的，依照《中华人民共和国未成年人保护法》、《中华人民共和国反家庭暴力法》等法律的规定追究法律责任。

◆ **条文主旨**

本条是关于未成年人的父母或者其他监护人在家庭教育过程中对未成年人实施家庭暴力应当依法承担法律责任的规定。

◆ **立法背景**

家庭教育的过程中，未成年人的父母或者其他监护人不得对未成年人实施家庭暴力，家庭暴力行为不仅侵害家庭成员的合法权益，而且具有一定的社会危害性，加害人实施家庭暴力行为，应当依法追究法律责任。考虑到未成年人保护法、反家庭暴力法等法律对家庭暴力行为所应承担的法律责任已有相应的规定，本条主要作了援引性的规定。

◆ **条文解读**

家庭暴力，是指家庭成员之间以殴打、捆绑、残害、限制人身自由以及经常性谩骂、恐吓等方式实施的身体、精神等侵害行为。未成年人的父母或者其他监护人不得因性别、身体状况、智力等歧视未成年人，不得实施家庭暴力，不得胁迫、引诱、教唆、纵容、利用未成年人从事违反法律法规和社会公德的活动。未成年人的父母或者其他监护人对未成年人实施家庭暴力的，属于不依法履行监护职责或者侵犯未成年人合法权益的行为。未成年人的父母或者其他监护人在家庭教育过程中对未成年人实施家庭暴力的，应追究法律责任。具体来说，主要包含以下几个方面：

一、依法处置

1. 强制报告制度。《中华人民共和国反家庭暴力法》第十四条规定：“学校、幼儿园、医疗机构、居民委员会、村民委员会、社会工作服务机构、救助管理机构、福利机构及其工作人员在工作中发现无民事行为能力人、限制民事行为能力人遭受或者疑似遭受家庭暴力的，应当及时向公安机关报案。公安机关应当对报案人的信息予以保密。”《中华人民共和国未成年人保护法》第一百一十八条第一款规定：“未成年人的父母或者其他监护人不依法履行监护职责或者侵犯未成年人合法权益的，由其居住地的居民委员会、村民委员会予以劝诫、制止；情节严重的，居民委员会、村民委员会应当及时向公安机关报告。”

2. 告诫制度。《中华人民共和国反家庭暴力法》第十六条规定：“家庭暴力情节较轻，依法不给予治安管理处罚的，由公安机关对加害人给予批评教育或者出具告诫书。”通过告诫制度将还没有达到行政处罚程度的轻微家庭暴力行为纳入告诫范围，为公安机关依法处理提供了法律依据，有利于化解受害人的困境，同时也说明轻微的家庭暴力也是违法行为，法律禁止一切形式、各种程度的家庭暴力行为。

3. 人身安全保护令。《中华人民共和国反家庭暴力法》第二十三条规定：“当事人因遭受家庭暴力或者面临家庭暴力的现实危险，向人民法院申请人身安全保护令的，人民法院应当受理。”如果未成年人的父母或者其他监护人在家庭教育过程中对未成年人实施家庭暴力的，未成年人向人民法院申请人身安全保护令，人民法院应当受理。

4. 撤销监护人资格。《中华人民共和国未成年人保护法》第一百零八条规定：“未成年人的父母或者其他监护人不依法履行监护职责或者严重侵犯被监护的未成年人合法权益的，人民法院可以根据有关人员或者单位的申请，依法作出人身安全保护令或者撤销监护人资格。被撤销监护人资格的父母或者其他监护人应当依法继续负担抚养费用。”如果未成年人的父母或者其他监护人在家庭教育过程中对未成年人实施家庭暴力的，人民法院可以根据相关申请，依法撤销监护人资格。

二、行政处罚

实施家庭暴力的行政处罚主要是一种治安管理责任。在家庭暴力案件中，无论是殴打、捆绑等身体伤害行为，还是谩骂、恐吓等精神侵害行为，治安管理处罚法中都规定了相应的法律责任。家庭暴力侵害人的行为违反治安管理的行为，应当按照治安管理处罚法的规定承担相应的法律责任。主要有以下方面：

1. 殴打、捆绑、残害未成年人等行为的行政处罚。《中华人民共和国治安管理处罚法》第四十三条规定，殴打他人的，或者故意伤害他人身体的，处五日以上十日以下拘留，并处二百元以上五百元以下罚款；情节较轻的，处五日以下拘留或者五百元以下罚款。殴打、伤害残疾人、孕妇、不满十四周岁的人或者六十周岁以上的人的，多次殴打、伤害他人的，处十日以上十五日以下拘留，并处五百元以上一千元以下罚款。

2. 非法限制未成年人人身自由的行政处罚。《中华人民共和国治安管理处罚法》第四十条规定，非法限制他人人身自由的，处十日以上十五日以下拘留，并处五百元以上一千元以下罚款；情节较轻的，处五日以上十日以下拘留，并处二百元以上五百元以下罚款。

3. 谩骂、恐吓未成年人的行政处罚。《中华人民共和国治安管理处罚法》第四十二条规定，写恐吓信或者以其他方法威胁他人人身安全的，公然侮辱他人或者捏造事实诽谤他人的，处五日以下拘留或者五百元以下罚款；情节较重的，处五日以上十日以下拘留，可以并处五百元以下罚款。

4. 其他家庭暴力行为的行政处罚。除了列举的几种常见方式以外，还包括其他方式。其他家庭暴力行为同样需要承担相应的行政处罚。例如，《中华人民共和国治安管理处罚法》第四十五条规定，虐待家庭成员，被虐待人要求处理的；遗弃没有独立生活能力的被扶养人的，处五日以下拘留或者警告。

三、刑事责任

根据《中华人民共和国刑法》相关规定，未成年人的父母或者其他监护人在家庭教育过程中对未成年人实施家庭暴力的，情节严重，构成犯罪的，应承担相应的刑事责任。主要包括：

1. 故意伤害罪。根据《中华人民共和国刑法》第二百三十四条规定，故意伤害他人身体的，处三年以下有期徒刑、拘役或者管制。犯前款罪，致人重伤的，处三年以上十年以下有期徒刑；致人死亡或者以特别残忍手段致人重伤造成严重残疾的，处十年以上有期徒刑、无期徒刑或者死刑。比如，未成年人的父母或者其他监护人在家庭教育过程中对未成年人实施家庭暴力，触犯了刑法，构成犯罪的，依法追究刑事责任。

2. 非法拘禁罪。《中华人民共和国刑法》第二百三十八条规定，非法拘禁他人或者以其他方法非法剥夺他人人身自由的，处三年以下有期徒刑、拘役、管制或者剥夺政治权利。具有殴打、侮辱情节的，从重处罚。犯前款罪，致人重伤的，处三年以上十年以下有期徒刑；致人死亡的，处十年以上有期徒刑。使用暴力致人伤残、死亡的，依照本法第二百三十四条、第二百三十二条的规定定罪处罚。比如，未成年人的父母或者其他监护人在家庭教育过程中对未成年人非法拘禁或者以其他方法非法剥夺他人人身自由，构成犯罪的，依法追究刑事责任。

3. 侮辱罪、诽谤罪。《中华人民共和国刑法》第二百四十六条规定，以暴力或者其他方法公然侮辱他人或者捏造事实诽谤他人，情节严重的，处三年以下有期徒刑、拘役、管制或者剥夺政治权利。比如，未成年人的父母或者其他监护人在家庭教育过程中以暴力或者其他方法公然侮辱未成年人或者捏造事实诽谤未成年人，情节严重，构成犯罪的，依法追究刑事责任。

4. 虐待罪。《中华人民共和国刑法》第二百六十条规定："虐待家庭成员，情节恶劣的，处二年以下有期徒刑、拘役或者管制。犯前款罪，致使被害人重伤、死亡的，处二年以上七年以下有期徒刑。第一款罪，告诉的才处理，但被害人没有能力告诉，或者因受到强制、威吓无法告诉的除外。"比如，未成年人的父母或者其他监护人在家庭教育过程中虐待未成年人，情节恶劣，构成犯罪的，依法追究刑事责任。

需要说明的是，犯罪是具有严重社会危害性的行为。我国刑法坚持罪刑法定原则，即法律无明文规定为犯罪行为的，不得定罪处刑。一项家庭暴力行为能否构成犯罪，要看是否符合刑法规定的犯罪构成要件。此外，构成犯罪的行为与构成违反治安管理处罚法的行为二者之间也有程度上的区分。对于侵犯人身权利、具有社会危害性、尚不够刑事处罚的，由公安机关依法给予治安管理处罚。

◆ **相关规定**

《中华人民共和国未成年人保护法》第十七条、第一百零八条、第一百一十八条；《中华人民共和国反家庭暴力法》第二条、第十四条、第十六条、第二十三条、第三十三条；《中华人民共和国治安管理处罚法》第四十条、第四十二条、第四十三条、第四十五条；《中华人民共和国刑法》第二百三十四条、第二百三十八条、第二百四十六条、第二百六十条

第五十四条　违反本法规定，构成违反治安管理行为的，由公安机关依法予以治安管理处罚；构成犯罪的，依法追究刑事责任。

◆ 条文主旨

本条是关于实施违反本法规定的行为，应当承担行政责任和刑事责任的兜底性规定。

◆ 立法背景

在实施家庭教育的过程中，违反本法规定，需要依法承担相应的法律责任。考虑到我国治安管理处罚以及刑法对相关行为所应承担的行政责任和刑事责任已有相应规定，本条主要作了援引性规定。

◆ 条文解读

一、治安管理处罚

治安管理处罚，是指对扰乱社会秩序，妨害公共安全，侵犯公民人身权利，侵犯公私财产，妨害社会管理，情节轻微尚不够刑事处罚的违法行为，由公安机关依照治安管理处罚法的规定，给予治安管理处罚。目的是维护社会治安秩序，保障公共安全，保护公民、法人和其他组织的合法权益。治安管理处罚包括警告、罚款、行政拘留以及吊销公安机关发放的许可证等种类。对违反本法规定，可能构成违反治安管理处罚法的行为，应当给予治安管理处罚的情形包括：

1. 违反《中华人民共和国治安管理处罚法》第四十条规定，组织、胁迫、诱骗不满十六周岁的人或者残疾人进行恐怖、残忍表演的；以暴力、威胁或者其他手段强迫未成年人劳动的；非法限制未成年人人身自由、非法侵入未成年人住宅或者非法搜查未成年人身体的，处十日以上十五日以下拘留，并处五百元以上一千元以下罚款；情节较轻的，处五日以上十日以下拘留，并处二百元以上五百元以下罚款。

2. 违反《中华人民共和国治安管理处罚法》第四十一条规

定，胁迫、诱骗或者利用未成年人乞讨的，处十日以上十五日以下拘留，可以并处一千元以下罚款。

3. 违反《中华人民共和国治安管理处罚法》第四十二条规定，写恐吓信或者以其他方法威胁未成年人人身安全的；公然侮辱未成年人或者捏造事实诽谤未成年人的；捏造事实诬告陷害未成年人，企图使未成年人受到刑事追究或者受到治安管理处罚的；多次发送淫秽、侮辱、恐吓或者其他信息，干扰未成年人正常生活的；偷窥、偷拍、窃听、散布未成年人隐私的，处五日以下拘留或者五百元以下罚款；情节较重的，处五日以上十日以下拘留，可以并处五百元以下罚款。

4. 违反《中华人民共和国治安管理处罚法》第四十三条规定，殴打未成年人的，或者故意伤害未成年人身体的，处五日以上十日以下拘留，并处二百元以上五百元以下罚款；情节较轻的，处五日以下拘留或者五百元以下罚款。殴打、伤害不满十四周岁的未成年人，处十日以上十五日以下拘留，并处五百元以上一千元以下罚款。

5. 违反《中华人民共和国治安管理处罚法》第四十四条规定，猥亵未成年人的，处五日以上十日以下拘留；猥亵不满十四周岁的未成年人的，处十日以上十五日以下拘留。

6. 违反《中华人民共和国治安管理处罚法》第四十五条规定，虐待未成年人且未成年人要求处理的；遗弃没有独立生活能力的未成年人的，处五日以下拘留或者警告。

二、刑事责任

刑事责任，是指行为人因实施犯罪行为，按刑法的规定应当追究其法律责任，包括主刑和附加刑。主刑分为管制、拘役、有期徒刑、无期徒刑和死刑。附加刑分为罚金、剥夺政治权利、没收财产。对违反本法规定的行为，可能构成犯罪，应当依照刑法追究刑事责任的情形包括：

1. 故意伤害罪。未成年人的父母或者其他监护人在家庭教育过程中对未成年人实施家庭暴力，构成犯罪的，依法追究刑事责任。详见本法第五十三条释义。

2. 非法拘禁罪。未成年人的父母或者其他监护人在家庭教育过程中对未成年人非法拘禁或者以其他方法非法剥夺他人人身自由，构成犯罪的，依法追究刑事责任。详见本法第五十三条释义。

3. 侮辱罪、诽谤罪。未成年人的父母或者其他监护人在家庭教育过程中以暴力或者其他方法公然侮辱未成年人或者捏造事实诽谤未成年人，情节严重，构成犯罪的，依法追究刑事责任。详见本法第五十三条释义。

4. 虐待罪。未成年人的父母或者其他监护人在家庭教育过程中虐待未成年人，情节恶劣，构成犯罪的，依法追究刑事责任。详见本法第五十三条释义。

5. 遗弃罪。《中华人民共和国刑法》第二百六十一条规定："对于年老、年幼、患病或者其他没有独立生活能力的人，负有扶养义务而拒绝扶养，情节恶劣的，处五年以下有期徒刑、拘役或者管制。"比如，未成年人的父母或者其他监护人遗弃未成年人，拒绝履行家庭教育，构成犯罪的，依法追究刑事责任。

6. 滥用职权罪、玩忽职守罪。《中华人民共和国刑法》第三百九十七条规定："国家机关工作人员滥用职权或者玩忽职守，致使公共财产、国家和人民利益遭受重大损失的，处三年以下有期徒刑或者拘役；情节特别严重的，处三年以上七年以下有期徒刑。本法另有规定的，依照规定。国家机关工作人员徇私舞弊，犯前款罪的，处五年以下有期徒刑或者拘役；情节特别严重的，处五年以上十年以下有期徒刑。"比如，负有家庭教育工作职责的政府部门、机构滥用职权、玩忽职守、徇私舞弊的，构成犯罪的，依法承担相应的刑事责任。

7. 侵犯公民个人信息罪。《中华人民共和国刑法》第二百五十三条之一规定："违反国家有关规定，向他人出售或者提供公民个人信息，情节严重的，处三年以下有期徒刑或者拘役，并处或者单处罚金；情节特别严重的，处三年以上七年以下有期徒刑，并处罚金。"比如，家庭教育服务机构等主体在开展家庭教育服务过程中，向他人出售或者提供公民个人信息，情节严重，构成犯罪的，应当依法承担相应的刑事责任。

◆ **相关规定**

《中华人民共和国治安管理处罚法》第四十条至第四十五条；《中华人民共和国刑法》第二百三十四条、第二百三十八条、第二百四十六条、第二百五十三条之一、第二百六十条、第二百六十一条、第三百九十七条

第六章　附　　则

第五十五条　本法自 2022 年 1 月 1 日起施行。

◆ 条文主旨

本条是关于施行日期的规定。

◆ 立法背景

《中华人民共和国立法法》第五十七条规定："法律应当明确规定施行日期。"第五十八条第一款规定："签署公布法律的主席令载明该法律的制定机关、通过和施行日期。"对施行日期应当作出明确规定是依法立法的要求。

◆ 条文解读

法律的效力，包括时间效力、空间效力和对人的效力。其中时间效力，是指法律何时生效、何时终止，以及法律对其生效以前的事件和行为有无溯及力。法律的施行日期，是指法律开始施行并发生法律效力的日期。法律的施行时间主要有三种：一是自法律公布之日起生效施行；二是法律自身规定具体施行的时间；三是规定法律公布后，符合一定条件时生效。

法律从何时开始生效施行，一般需要根据法律的性质和本次立法的形式等因素来决定。家庭教育促进法是一部新制定的法律，为了帮助各方面学习、了解和掌握法律规定的内容，同时为国务院及有关部门、单位制定相配套的行政法规、部门规章等留出必要时间，推动本法更加有效地贯彻实施，本条规定“本法自 2022 年 1 月 1 日起施行”，则本法的生效时间就是 2022 年 1 月 1 日。

需要注意的是，法律的施行和法律的公布是不同的概念。法律的施行日期，是法律正式生效的日期，因此法律的施行日期是每部法律的必要组成部分，一般都规定在法律的最后一条。法律公布是立法的最后程序，是由国家主席签署主席令将全国人民代表大会及其常务委员会表决通过的法律向全社会予以公布。

根据立法法的规定，全国人民代表大会通过的或者其常务委员会通过的法律由国家主席签署主席令予以公布。2021 年 10 月 23 日，国家主席习近平签署第九十八号中华人民共和国主席令，主席令载明，《中华人民共和国家庭教育促进法》已由中华人民共和国第十三届全国人民代表大会常务委员会第三十一次会议于 2021 年 10 月 23 日通过，现予公布，自 2022 年 1 月 1 日起施行。法律签署公布后，还要及时在全国人民代表大会常务委员会公报和中国人大网以及在全国范围内发行的报纸上刊载。2021 年 10 月 25 日，根据新华社北京 10 月 23 日电，人民日报第十三版全文公布了《中华人民共和国家庭教育促进法》。

◆ **相关规定**

《中华人民共和国立法法》第五十七条、第五十八条

附　录

中华人民共和国主席令

第九十八号

《中华人民共和国家庭教育促进法》已由中华人民共和国第十三届全国人民代表大会常务委员会第三十一次会议于 2021 年 10 月 23 日通过，现予公布，自 2022 年 1 月 1 日起施行。

中华人民共和国主席　习近平

2021 年 10 月 23 日

中华人民共和国家庭教育促进法

（2021 年 10 月 23 日第十三届全国人民代表大会常务委员会第三十一次会议通过）

目　　录

第一章　总　　则

第一条　为了发扬中华民族重视家庭教育的优良传统，引导全社会注重家庭、家教、家风，增进家庭幸福与社会和谐，培养德智体美劳全面发展的社会主义建设者和接班人，制定本法。

第二条　本法所称家庭教育，是指父母或者其他监护人为促进未成年人全面健康成长，对其实施的道德品质、身体素质、生活技能、文化修养、行为习惯等方面的培育、引导和影响。

第三条　家庭教育以立德树人为根本任务，培育和践行社会主义核心价值观，弘扬中华民族优秀传统文化、革命文化、社会主义先进文化，促进未成年人健康成长。

第四条　未成年人的父母或者其他监护人负责实施家庭教育。

国家和社会为家庭教育提供指导、支持和服务。

国家工作人员应当带头树立良好家风，履行家庭教育责任。

第五条　家庭教育应当符合以下要求：

（一）尊重未成年人身心发展规律和个体差异；

（二）尊重未成年人人格尊严，保护未成年人隐私权和个人信息，保障未成年人合法权益；

（三）遵循家庭教育特点，贯彻科学的家庭教育理念和方法；

（四）家庭教育、学校教育、社会教育紧密结合、协调一致；

（五）结合实际情况采取灵活多样的措施。

第六条　各级人民政府指导家庭教育工作，建立健全家庭学校社会协同育人机制。县级以上人民政府负责妇女儿童工作的机构，组织、协调、指导、督促有关部门做好家庭教育工作。

教育行政部门、妇女联合会统筹协调社会资源，协同推进覆盖城乡的家庭教育指导服务体系建设，并按照职责分工承担家庭教育工作的日常事务。

县级以上精神文明建设部门和县级以上人民政府公安、民政、司法行政、人力资源和社会保障、文化和旅游、卫生健康、市场监督管理、广播电视、体育、新闻出版、网信等有关部门在各自的职责范围内做好家庭教育工作。

第七条　县级以上人民政府应当制定家庭教育工作专项规划，将家庭教育指导服务纳入城乡公共服务体系和政府购买服务目录，将相关经费列入财政预算，鼓励和支持以政府购买服务的方式提供家庭教育指导。

第八条　人民法院、人民检察院发挥职能作用，配合同级人民政府及其有关部门建立家庭教育工作联动机制，共同做好家庭教育工作。

第九条 工会、共产主义青年团、残疾人联合会、科学技术协会、关心下一代工作委员会以及居民委员会、村民委员会等应当结合自身工作，积极开展家庭教育工作，为家庭教育提供社会支持。

第十条 国家鼓励和支持企业事业单位、社会组织及个人依法开展公益性家庭教育服务活动。

第十一条 国家鼓励开展家庭教育研究，鼓励高等学校开设家庭教育专业课程，支持师范院校和有条件的高等学校加强家庭教育学科建设，培养家庭教育服务专业人才，开展家庭教育服务人员培训。

第十二条 国家鼓励和支持自然人、法人和非法人组织为家庭教育事业进行捐赠或者提供志愿服务，对符合条件的，依法给予税收优惠。

国家对在家庭教育工作中做出突出贡献的组织和个人，按照有关规定给予表彰、奖励。

第十三条 每年5月15日国际家庭日所在周为全国家庭教育宣传周。

第二章 家庭责任

第十四条 父母或者其他监护人应当树立家庭是第一个课堂、家长是第一任老师的责任意识，承担对未成年人实施家庭教育的主体责任，用正确思想、方法和行为教育未成年人养成良好思想、品行和习惯。

共同生活的具有完全民事行为能力的其他家庭成员应当协助和配合未成年人的父母或者其他监护人实施家庭教育。

第十五条 未成年人的父母或者其他监护人及其他家庭成员应当注重家庭建设，培育积极健康的家庭文化，树立和传承优良家风，弘扬中华民族家庭美德，共同构建文明、和睦的家庭关系，为未成年人健康成长营造良好的家庭环境。

第十六条　未成年人的父母或者其他监护人应当针对不同年龄段未成年人的身心发展特点，以下列内容为指引，开展家庭教育：

（一）教育未成年人爱党、爱国、爱人民、爱集体、爱社会主义，树立维护国家统一的观念，铸牢中华民族共同体意识，培养家国情怀；

（二）教育未成年人崇德向善、尊老爱幼、热爱家庭、勤俭节约、团结互助、诚信友爱、遵纪守法，培养其良好社会公德、家庭美德、个人品德意识和法治意识；

（三）帮助未成年人树立正确的成才观，引导其培养广泛兴趣爱好、健康审美追求和良好学习习惯，增强科学探索精神、创新意识和能力；

（四）保证未成年人营养均衡、科学运动、睡眠充足、身心愉悦，引导其养成良好生活习惯和行为习惯，促进其身心健康发展；

（五）关注未成年人心理健康，教导其珍爱生命，对其进行交通出行、健康上网和防欺凌、防溺水、防诈骗、防拐卖、防性侵等方面的安全知识教育，帮助其掌握安全知识和技能，增强其自我保护的意识和能力；

（六）帮助未成年人树立正确的劳动观念，参加力所能及的劳动，提高生活自理能力和独立生活能力，养成吃苦耐劳的优秀品格和热爱劳动的良好习惯。

第十七条　未成年人的父母或者其他监护人实施家庭教育，应当关注未成年人的生理、心理、智力发展状况，尊重其参与相关家庭事务和发表意见的权利，合理运用以下方式方法：

（一）亲自养育，加强亲子陪伴；

（二）共同参与，发挥父母双方的作用；

（三）相机而教，寓教于日常生活之中；

（四）潜移默化，言传与身教相结合；

（五）严慈相济，关心爱护与严格要求并重；

（六）尊重差异，根据年龄和个性特点进行科学引导；

（七）平等交流，予以尊重、理解和鼓励；

（八）相互促进，父母与子女共同成长；

（九）其他有益于未成年人全面发展、健康成长的方式方法。

第十八条　未成年人的父母或者其他监护人应当树立正确的家庭教育理念，自觉学习家庭教育知识，在孕期和未成年人进入婴幼儿照护服务机构、幼儿园、中小学校等重要时段进行有针对性的学习，掌握科学的家庭教育方法，提高家庭教育的能力。

第十九条　未成年人的父母或者其他监护人应当与中小学校、幼儿园、婴幼儿照护服务机构、社区密切配合，积极参加其提供的公益性家庭教育指导和实践活动，共同促进未成年人健康成长。

第二十条　未成年人的父母分居或者离异的，应当相互配合履行家庭教育责任，任何一方不得拒绝或者怠于履行；除法律另有规定外，不得阻碍另一方实施家庭教育。

第二十一条　未成年人的父母或者其他监护人依法委托他人代为照护未成年人的，应当与被委托人、未成年人保持联系，定期了解未成年人学习、生活情况和心理状况，与被委托人共同履行家庭教育责任。

第二十二条　未成年人的父母或者其他监护人应当合理安排未成年人学习、休息、娱乐和体育锻炼的时间，避免加重未成年人学习负担，预防未成年人沉迷网络。

第二十三条　未成年人的父母或者其他监护人不得因性别、身体状况、智力等歧视未成年人，不得实施家庭暴力，不得胁迫、引诱、教唆、纵容、利用未成年人从事违反法律法规和社会公德的活动。

第三章 国家支持

第二十四条 国务院应当组织有关部门制定、修订并及时颁布全国家庭教育指导大纲。

省级人民政府或者有条件的设区的市级人民政府应当组织有关部门编写或者采用适合当地实际的家庭教育指导读本，制定相应的家庭教育指导服务工作规范和评估规范。

第二十五条 省级以上人民政府应当组织有关部门统筹建设家庭教育信息化共享服务平台，开设公益性网上家长学校和网络课程，开通服务热线，提供线上家庭教育指导服务。

第二十六条 县级以上地方人民政府应当加强监督管理，减轻义务教育阶段学生作业负担和校外培训负担，畅通学校家庭沟通渠道，推进学校教育和家庭教育相互配合。

第二十七条 县级以上地方人民政府及有关部门组织建立家庭教育指导服务专业队伍，加强对专业人员的培养，鼓励社会工作者、志愿者参与家庭教育指导服务工作。

第二十八条 县级以上地方人民政府可以结合当地实际情况和需要，通过多种途径和方式确定家庭教育指导机构。

家庭教育指导机构对辖区内社区家长学校、学校家长学校及其他家庭教育指导服务站点进行指导，同时开展家庭教育研究、服务人员队伍建设和培训、公共服务产品研发。

第二十九条 家庭教育指导机构应当及时向有需求的家庭提供服务。

对于父母或者其他监护人履行家庭教育责任存在一定困难的家庭，家庭教育指导机构应当根据具体情况，与相关部门协作配合，提供有针对性的服务。

第三十条 设区的市、县、乡级人民政府应当结合当地实际采取措施，对留守未成年人和困境未成年人家庭建档立卡，提供生活帮扶、创业就业支持等关爱服务，为留守未成年人和困境未成年人的父母或者其他监护人实施家庭教育创造条件。

教育行政部门、妇女联合会应当采取有针对性的措施，为留守未成年人和困境未成年人的父母或者其他监护人实施家庭教育提供服务，引导其积极关注未成年人身心健康状况、加强亲情关爱。

第三十一条 家庭教育指导机构开展家庭教育指导服务活动，不得组织或者变相组织营利性教育培训。

第三十二条 婚姻登记机构和收养登记机构应当通过现场咨询辅导、播放宣传教育片等形式，向办理婚姻登记、收养登记的当事人宣传家庭教育知识，提供家庭教育指导。

第三十三条 儿童福利机构、未成年人救助保护机构应当对本机构安排的寄养家庭、接受救助保护的未成年人的父母或者其他监护人提供家庭教育指导。

第三十四条 人民法院在审理离婚案件时，应当对有未成年子女的夫妻双方提供家庭教育指导。

第三十五条 妇女联合会发挥妇女在弘扬中华民族家庭美德、树立良好家风等方面的独特作用，宣传普及家庭教育知识，通过家庭教育指导机构、社区家长学校、文明家庭建设等多种渠道组织开展家庭教育实践活动，提供家庭教育指导服务。

第三十六条 自然人、法人和非法人组织可以依法设立非营利性家庭教育服务机构。

县级以上地方人民政府及有关部门可以采取政府补贴、奖励激励、购买服务等扶持措施，培育家庭教育服务机构。

教育、民政、卫生健康、市场监督管理等有关部门应当在各自职责范围内，依法对家庭教育服务机构及从业人员进行指导和监督。

第三十七条　国家机关、企业事业单位、群团组织、社会组织应当将家风建设纳入单位文化建设，支持职工参加相关的家庭教育服务活动。

文明城市、文明村镇、文明单位、文明社区、文明校园和文明家庭等创建活动，应当将家庭教育情况作为重要内容。

第四章　社会协同

第三十八条　居民委员会、村民委员会可以依托城乡社区公共服务设施，设立社区家长学校等家庭教育指导服务站点，配合家庭教育指导机构组织面向居民、村民的家庭教育知识宣传，为未成年人的父母或者其他监护人提供家庭教育指导服务。

第三十九条　中小学校、幼儿园应当将家庭教育指导服务纳入工作计划，作为教师业务培训的内容。

第四十条　中小学校、幼儿园可以采取建立家长学校等方式，针对不同年龄段未成年人的特点，定期组织公益性家庭教育指导服务和实践活动，并及时联系、督促未成年人的父母或者其他监护人参加。

第四十一条　中小学校、幼儿园应当根据家长的需求，邀请有关人员传授家庭教育理念、知识和方法，组织开展家庭教育指导服务和实践活动，促进家庭与学校共同教育。

第四十二条　具备条件的中小学校、幼儿园应当在教育行政部门的指导下，为家庭教育指导服务站点开展公益性家庭教育指导服务活动提供支持。

第四十三条　中小学校发现未成年学生严重违反校规校纪的，

应当及时制止、管教，告知其父母或者其他监护人，并为其父母或者其他监护人提供有针对性的家庭教育指导服务；发现未成年学生有不良行为或者严重不良行为的，按照有关法律规定处理。

第四十四条 婴幼儿照护服务机构、早期教育服务机构应当为未成年人的父母或者其他监护人提供科学养育指导等家庭教育指导服务。

第四十五条 医疗保健机构在开展婚前保健、孕产期保健、儿童保健、预防接种等服务时，应当对有关成年人、未成年人的父母或者其他监护人开展科学养育知识和婴幼儿早期发展的宣传和指导。

第四十六条 图书馆、博物馆、文化馆、纪念馆、美术馆、科技馆、体育场馆、青少年宫、儿童活动中心等公共文化服务机构和爱国主义教育基地每年应当定期开展公益性家庭教育宣传、家庭教育指导服务和实践活动，开发家庭教育类公共文化服务产品。

广播、电视、报刊、互联网等新闻媒体应当宣传正确的家庭教育知识，传播科学的家庭教育理念和方法，营造重视家庭教育的良好社会氛围。

第四十七条 家庭教育服务机构应当加强自律管理，制定家庭教育服务规范，组织从业人员培训，提高从业人员的业务素质和能力。

第五章 法律责任

第四十八条 未成年人住所地的居民委员会、村民委员会、妇女联合会，未成年人的父母或者其他监护人所在单位，以及中小学校、幼儿园等有关密切接触未成年人的单位，发现父母或者其他监护人拒绝、怠于履行家庭教育责任，或者非法阻碍其他监护人实施家庭教育的，应当予以批评教育、劝诫制止，必要时督促其接受家庭教育指导。

未成年人的父母或者其他监护人依法委托他人代为照护未成年人，有关单位发现被委托人不依法履行家庭教育责任的，适用前款规定。

第四十九条 公安机关、人民检察院、人民法院在办理案件过程中，发现未成年人存在严重不良行为或者实施犯罪行为，或者未成年人的父母或者其他监护人不正确实施家庭教育侵害未成年人合法权益的，根据情况对父母或者其他监护人予以训诫，并可以责令其接受家庭教育指导。

第五十条 负有家庭教育工作职责的政府部门、机构有下列情形之一的，由其上级机关或者主管单位责令限期改正；情节严重的，对直接负责的主管人员和其他直接责任人员依法予以处分：

（一）不履行家庭教育工作职责；

（二）截留、挤占、挪用或者虚报、冒领家庭教育工作经费；

（三）其他滥用职权、玩忽职守或者徇私舞弊的情形。

第五十一条 家庭教育指导机构、中小学校、幼儿园、婴幼儿照护服务机构、早期教育服务机构违反本法规定，不履行或者不正确履行家庭教育指导服务职责的，由主管部门责令限期改正；情节严重的，对直接负责的主管人员和其他直接责任人员依法予以处分。

第五十二条 家庭教育服务机构有下列情形之一的，由主管部门责令限期改正；拒不改正或者情节严重的，由主管部门责令停业整顿、吊销营业执照或者撤销登记：

（一）未依法办理设立手续；

（二）从事超出许可业务范围的行为或作虚假、引人误解宣传，产生不良后果；

（三）侵犯未成年人及其父母或者其他监护人合法权益。

第五十三条 未成年人的父母或者其他监护人在家庭教育过程中对未成年人实施家庭暴力的，依照《中华人民共和国未成年人保护法》、《中华人民共和国反家庭暴力法》等法律的规定追究法律责任。

第五十四条 违反本法规定，构成违反治安管理行为的，由公安机关依法予以治安管理处罚；构成犯罪的，依法追究刑事责任。

第六章 附 则

第五十五条 本法自2022年1月1日起施行。

关于《中华人民共和国家庭教育法（草案）》的说明

——2021年1月20日在第十三届全国人民代表大会常务委员会第二十五次会议上

全国人大社会建设委员会主任委员　何毅亭

全国人民代表大会常务委员会：

我受全国人大社会建设委员会委托，作关于《中华人民共和国家庭教育法（草案）》的说明。

一、制定家庭教育法的必要性和立法过程

家庭教育是教育的开端，关乎未成年人的终身发展和家庭的幸福安宁，也关乎国家发展、民族进步、社会和谐稳定。重视家庭教育是中华民族的优良传统。党的十八大以来，习近平总书记站在培养担当民族复兴大任时代新人的高度，向全党全社会发出了注重家庭、注重家教、注重家风的动员令，并就家庭教育作出一系列重要论述，强调“家庭是人生的第一所学校，家长是孩子的第一任老师，要给孩子讲好‘人生第一课’，帮助扣好人生第一粒扣子”“家长要时时处处给孩子做榜样，用正确行动、正确思想、正确方法教育引导孩子”“要在家庭中培育和践行社会主义核心价值观”。党的十九大明确指出，培育和践行社会主义核心价值观要从家庭做起、从娃娃抓起。党的十九届四中全会明确要求构建覆盖城乡的家庭教育指导服务体系，注重发挥家庭家教家风在基层社会治理中的重要作用。党的十九届五中全会进一步提出要加强家庭、家教、家风建设，健全学校家庭社会协同育人机制。这些都为发展家庭教育指明了正确方向、提供了基本遵循。

实践中，随着我国社会转型速度加快，传统的家庭结构和功能发生深刻变化，家庭教育存在的问题日益凸显：监护缺失、家庭教育缺位导致部分农村留守未成年人受到伤害的极端事件屡有发生；不少父母缺乏正确的成才观，“重智轻德”“重身体健康、轻心理健康”的倾向广泛存在；很多父母表示不知道用什么方法教育孩子，有的甚至将殴打虐待作为家庭教育方式。上述这些问题，影响了许多未成年人的健康成长，一些未成年人的合法权益受到严重侵害，引发社会广泛关注。十三届全国人大二次、三次会议上，先后有368名全国人大代表提出相关议案12件，要求启动家庭教育立法、推进家庭教育工作。

十三届全国人大常委会贯彻落实党中央决策部署，积极回应社会关切，将家庭教育立法列入常委会立法规划和2020年度立法工作计划，并明确由全国人大社会建设委员会承担牵头起草工作。社会建设委员会自2018年起，在进行未成年人保护法和预防未成年人犯罪法修改工作的过程中，即对家庭教育立法进行统筹考虑，提请常委会审议的这两部法律修订草案，已对家庭教育作出原则规定、为其留出相应接口。2020年以来，社会建设委员会在全国妇联提交的草案建议稿的基础上，进行了深入的调查研究，多次与党中央和国务院有关部门、最高人民法院、最高人民检察院、全国妇联等有关方面沟通协调、交换意见；通过向全国31个省（自治区、直辖市）人大书面征求意见、开展实地调研、委托地方调研、召开专家座谈会等方式，广泛听取各方面意见。经过认真总结实践经验、充分研究论证，形成了《中华人民共和国家庭教育法（草案）》。

二、家庭教育法起草的指导思想和总体思路

（一）指导思想

本法起草的指导思想是：以习近平新时代中国特色社会主义思想为指导，深入贯彻习近平总书记关于家庭教育的重要论述，坚持从国情实际出发，着力完善家庭教育工作体制机制，夯实家庭教育责任，构建家庭教育服务体系，强化家庭教育支持，为促进家庭教育发展提供法治保障。

（二）总体思路

家庭教育不仅仅是家庭内部的事务，也事关公共福祉。对于家庭教育，既要充分尊重父母或者其他监护人的自主性，也要有效发挥政府、学校和社会的促进作用，必要时进行国家干预，从而加强家庭教育的价值引领和教育功能，促进未成年人德智体美劳全面发展。基于以上考虑，本法起草的总体思路是：

1. 贯穿立德树人主线。家庭教育涉及很多方面，但最重要的是品德教育，是如何做人的教育。无论是实施家庭教育还是为家庭教育提供服务，都应牢牢把握立德树人根本任务，把社会主义核心价值观贯穿其中，确保家庭教育的正确方向。

2. 突出问题导向。当前家庭教育领域存在诸多问题，比较突出的有：（1）父母或者其他监护人家庭教育主体责任意识不强，对未成年人生而不养、养而不教、教而不当的现象不同程度存在；（2）家庭教育工作的体制机制不完善，主责机构不明确，部门责任不清晰，各方面合力不够，影响了家庭教育工作的实际效果；（3）家庭教育服务机构发育不健全、发展不规范，服务水平有待提高；（4）对于家庭教育实施已经明显出现问题的情况，有关方面缺乏明确、有效的干预手段。本法着力制定和完善相关制度和措施，对这些问题作出积极回应。

3. 及时总结实践经验。近年来，全国家庭教育工作取得了很

大进展，国家出台了《关于指导推进家庭教育的五年规划（2016—2020年）》《全国家庭教育指导大纲（修订）》等一系列政策文件；8个省（直辖市）出台了家庭教育地方性法规；各地在家庭教育工作中探索形成了一些好的经验做法。本法认真总结各地的实践成果，同时分析借鉴域外的有益经验，将行之有效的做法及时上升为法律，更好地保障家庭教育事业的发展。

4. 注重法律之间的和谐统一。我国多部现行法律包含与家庭教育有关的内容，民法典、教育法、未成年人保护法、预防未成年人犯罪法、反家庭暴力法等法律对实施家庭教育有原则性规定，但对父母或者其他监护人如何实施家庭教育、有关方面如何开展家庭教育服务等并无明确规定。本法力图做到与上述法律有效对接，对这些问题作出具体规范；对其他法律中已有明确规定的内容，本法中只作衔接性规定。

三、草案的主要内容

草案文本包括总则、家庭教育实施、家庭教育促进、家庭教育干预、法律责任、附则，共六章52条。主要内容是：

第一章“总则”。本章对立法目的、家庭教育的定义、家庭教育的根本任务、家庭教育法律关系、家庭教育工作基本原则作出规定，明确了政府推进家庭教育工作的领导体制、工作机制和保障措施，以及司法机关、人民团体和其他有关社会组织的职责等内容。

第二章“家庭教育实施”。未成年人的父母或者其他监护人是家庭教育的第一责任人。本章明确了父母或者其他监护人实施家庭教育的法定责任，对其提高家庭教育能力、营造良好家庭环境提出要求，并按照习近平总书记关于培养孩子好思想、好品行、好习惯的指示要求，对家庭教育的内容和方法作出指引和规定。

第三章“家庭教育促进”。实现家庭教育服务有效供给，是当前家庭教育工作中迫切需要通过立法加以规范和保障的。本章明确了政府、村（居）民委员会、学校、其他有关社会公共机构等不同主体在促进家庭教育方面的责任和义务，对家庭教育服务机构的设立和管理等作出规定。

第四章“家庭教育干预”。未成年人的父母或者其他监护人拒绝或者怠于履行家庭教育责任、实施家庭教育不当，导致未成年人行为出现偏差或者合法权益受到损害时，已经意味着家庭教育实施出现了严重问题，应当予以必要的干预。本章赋予学校、村（居）民委员会、父母或者其他监护人的所在单位批评教育和督促的权力，明确公安机关、人民检察院、人民法院干预家庭教育的情形和主要措施，并对强制家庭教育指导的实施作出具体规定。

第五章“法律责任”。为达到本法的立法目的，既要有倡导性、引领性规范，也需要有强制性规范。本章重点对未成年人的父母或者其他监护人、负有家庭教育工作职责的政府部门或机构、学校、家庭教育服务机构违反本法规定的有关情形，规定了法律责任，同时设计了兜底的法律责任条款。

第六章“附则”。规定家庭教育法的施行时间。

《中华人民共和国家庭教育法（草案）》和以上说明是否妥当，请审议。

全国人民代表大会宪法和法律委员会关于《中华人民共和国家庭教育法（草案）》修改情况的汇报

全国人民代表大会常务委员会：

常委会第二十五次会议对家庭教育法草案进行了初次审议。会后，法制工作委员会将草案印发有关部门、地方和单位征求意见；在中国人大网上公布草案全文，向社会公开征求意见；先后到江西、宁夏、安徽调研，听取地方政府有关部门、妇联、家庭教育机构、全国人大代表、中小学校、幼儿园以及学生和家长代表的意见。宪法和法律委员会于7月16日召开会议，根据常委会组成人员的审议意见和各方面的意见，对草案进行了逐条审议。社会建设委员会、教育部、全国妇联有关负责同志列席了会议。7月28日，宪法和法律委员会召开会议，再次进行了审议。现将家庭教育法草案主要问题的修改情况汇报如下：

一、有的常委会组成人员、单位、地方和社会公众提出，家庭教育立法主要是为了促进家庭教育，家庭是实施家庭教育的主体，国家、社会为家庭提供支持、协助。建议将本法的名称修改为家庭教育促进法，并对各章结构作出调整。宪法和法律委员会经研究，建议将本法名称修改为“中华人民共和国家庭教育促进法”，并将第二章至第四章的章名“家庭教育实施”、“家庭教育促进”和“家庭教育干预”分别修改为“家庭责任”、“国家支持”和“社会协同”。

二、有的常委会组成人员提出，中华民族具有重视家庭教育的优良传统，家庭教育立法目的应当体现这一优良传统；家庭教育的任务，除了弘扬中华优秀传统文化，还应当包括弘扬革命文化和社会主义先进文化。宪法和法律委员会经研究，建议采纳这一意见。

三、有的常委委员提出，草案第二条规定的家庭教育概念没有充分体现家庭教育的特点，建议完善。宪法和法律委员会经研究，建议修改为："本法所称家庭教育，是指父母或者其他监护人为促进未成年人健康成长，对其实施的道德品质、知识技能、文化修养、生活习惯等方面的培育、引导和影响。"

四、有的常委委员、单位和地方提出，家庭教育工作应当充分发挥社会力量的作用。宪法和法律委员会经研究，建议增加规定："国家鼓励和支持公民、法人和非法人组织为家庭教育事业进行捐赠或者提供志愿服务，对符合条件的，给予税收优惠。"

五、有的常委委员提出，未成年人的父母或者其他监护人依法委托他人照护未成年人，不能减轻其家庭教育的责任。宪法和法律委员会经研究，建议将草案第十六条中的"应当与被委托人共同实施家庭教育"修改为"应当与被委托人保持联系，定期了解未成年人学习、生活情况和心理状况，共同履行家庭教育责任"。

六、有的常委委员和地方提出，鉴于当前教育培训机构的乱象，对家庭教育指导服务机构和家庭教育服务机构应当有限制性的规定。宪法和法律委员会经研究，建议增加一条规定："家庭教育指导服务机构开展家庭教育指导服务活动，不得组织或者变相组织营利性教育培训。"同时，将公民、法人和非法人组织依法设立的家庭教育服务机构明确为"非营利性家庭教育服务机构"。

七、有的常委委员、单位和地方提出，家庭教育的主要责任在家庭，政府特别是司法机关不宜过度干预，更不宜采取罚款、拘留等过于严厉的处罚措施，建议与未成年人保护法等法律相衔接。宪法和法律委员会经研究，建议对草案第四十四条作适当修改，并删除草案第四十五条、第四十六条、第四十七条的规定。

此外，还对草案作了一些文字修改。

草案二次审议稿已按上述意见作了修改，宪法和法律委员会建议提请本次常委会会议继续审议。

草案二次审议稿和以上汇报是否妥当，请审议。

全国人民代表大会宪法和法律委员会

2021 年 8 月 17 日

全国人民代表大会宪法和法律委员会关于《中华人民共和国家庭教育促进法（草案）》审议结果的报告

全国人民代表大会常务委员会：

常委会第三十次会议对家庭教育促进法草案进行了二次审议。会后，法制工作委员会在中国人大网全文公布草案二次审议稿，征求社会公众意见。宪法和法律委员会到福建、浙江调研，听取地方政府有关部门、妇联、人大代表、家庭教育机构、学校以及学生和家长代表的意见。宪法和法律委员会于9月14日召开会议，根据委员长会议精神、常委会组成人员审议意见和各方面的意见，对草案进行了逐条审议。社会建设委员会、教育部、全国妇联有关负责同志列席了会议。9月29日，宪法和法律委员会召开会议，再次进行了审议。宪法和法律委员会认为，草案经过两次审议修改，已经比较成熟。同时，提出以下主要修改意见：

一、有的常委会组成人员提出，草案二次审议稿关于家庭教育概念和家庭教育内容的规定，应当进一步厘清家庭教育和学校教育的界限，更充分地体现家庭教育的特点。宪法和法律委员会经研究，建议将草案二次审议稿第二条中的“道德品质、知识技能、文化修养、生活习惯”修改为“道德品质、身体素质、生活技能、文化修养、行为习惯”；同时，对草案二次审议稿第十六条规定的家庭教育内容进行修改完善，增加规定：“引导未成年人培养广泛兴趣爱好，增强科学探索精神和创新意识”。

二、有的常委委员提出，有的家长对未成年子女期望值过高、施加的学习负担过重，有的家长对未成年子女沉迷网络等行为疏于管教，法律应当对这些突出问题作出回应。宪法和法律委员会经研究，建议增加规定："未成年人的父母或者其他监护人应当合理安排未成年人学习、休息、娱乐和体育锻炼的时间，避免加重未成年人学习负担，预防未成年人沉迷网络。"

三、有的常委委员和地方提出，中央有关文件对减轻义务教育阶段学生作业负担和校外培训负担提出了新的明确要求，本法应当贯彻和体现这一精神，补充完善家庭教育、学校教育相协同等内容。宪法和法律委员会经研究，建议增加规定："县级以上地方人民政府应当采取措施，减轻义务教育阶段学生作业负担和校外培训负担，畅通学校家庭沟通渠道，推进学校教育和家庭教育相互配合。"

四、有的常委会组成人员和地方提出，留守儿童和困境儿童的家庭教育面临较多困难，应当采取更精准的措施对这些未成年人的家庭加大扶持力度，提供更多帮助。宪法和法律委员会经研究，建议增加规定："设区的市、县、乡级人民政府应当结合当地实际采取措施，对留守未成年人和困境未成年人家庭建档立卡，提供生活帮扶、创业就业支持等服务，为留守未成年人和困境未成年人的父母或者其他监护人实施家庭教育创造条件。""教育行政部门、妇女联合会应当采取有针对性的措施，为留守未成年人和困境未成年人的父母或者其他监护人实施家庭教育提供服务，引导其积极关注未成年人身心健康状况、加强亲情关爱。"

五、有的常委委员提出，根据习近平总书记重要讲话精神，建议明确妇联在家庭教育工作中的作用。宪法和法律委员会经研究，建议增加规定："妇女联合会发挥妇女在弘扬中华民族家庭美德、树立良好家风等方面的独特作用，宣传普及家庭教育知识，通过家庭教育指导机构、社区家长学校、文明家庭建设等多种渠道组织开展家庭教育实践活动，提供家庭教育指导服务。”

六、有的常委会组成人员建议，明确委托照护情形下被委托人不依法履行家庭教育责任的法律责任。宪法和法律委员会经研究，建议采纳这一意见。

七、有的常委委员提出，有的家长不采用正确的家庭教育方法，对未成年子女实施家庭暴力，侵害未成年子女的权益，甚至导致严重后果，建议进一步做好与未成年人保护法、反家庭暴力法等法律的衔接，以有效防治家庭暴力问题。宪法和法律委员会经研究，建议增加相关规定。

此外，还对草案二次审议稿作了一些文字修改。

9 月 27 日，法制工作委员会召开专题会议，邀请部分全国人大代表、专家学者和地方有关单位、家庭教育机构、学校和幼儿园以及家长代表，就草案中主要制度规范的可行性、出台时机、实施的社会效果和可能出现的问题等进行评估。与会人员普遍认为，草案经过多次审议修改，坚持问题导向，贯彻落实中央有关文件精神，吸收了各方面的意见，回应了社会关切，主要制度设计符合实际，具有较强的针对性和可操作性，已经比较成熟，现在出台是必要的、适时的。同时，还对草案提出了一些具体修改意见，宪法和法律委员会对有的意见予以采纳。

草案三次审议稿已按上述意见作了修改，宪法和法律委员会建议提请本次常委会会议审议通过。

草案三次审议稿和以上报告是否妥当，请审议。

全国人民代表大会宪法和法律委员会

2021 年 10 月 19 日

全国人民代表大会宪法和法律委员会关于《中华人民共和国家庭教育促进法（草案三次审议稿）》修改意见的报告

全国人民代表大会常务委员会：

本次常委会会议于10月20日上午对家庭教育促进法草案三次审议稿进行了分组审议。普遍认为，草案已经比较成熟，建议进一步修改后，提请本次常委会会议表决通过。同时，有些常委会组成人员和列席人员还提出了一些修改意见。宪法和法律委员会于10月20日下午召开会议，逐条研究了常委会组成人员的审议意见，对草案进行了审议。社会建设委员会、全国妇联有关负责同志列席了会议。宪法和法律委员会认为，草案是可行的，同时，提出以下修改意见：

一、有的常委委员提出，习近平总书记强调把家风建设作为领导干部作风建设的重要内容，应当将习近平总书记重要指示精神落实到家庭教育中。宪法和法律委员会经研究，建议增加规定："国家工作人员应当带头树立良好家风，履行家庭教育责任。"

二、有的常委委员建议，进一步落实中央有关进一步加强家庭家教家风建设的文件精神，树立家长的责任意识。宪法和法律委员会经研究，建议将草案三次审议稿第十四条第一款修改为："父母或者其他监护人应当树立家庭是第一个课堂、家长是第一任老师的责任意识，承担对未成年人实施家庭教育的主体责任，用正确思想、方法和行为教育未成年人养成良好思想、品行和习惯。"

三、草案三次审议稿第十六条规定了家庭教育的内容。有的常委委员建议，进一步充实相关内容，增加促进心理健康、树立正确成才观、培养自理能力、开展防诈骗安全教育等方面的规定。宪法和法律委员会经研究，建议采纳这一意见，并作相应修改完善。

经与有关方面研究，建议将本法的施行时间确定为 2022 年 1 月 1 日。

此外，根据常委会组成人员的审议意见，还对草案三次审议稿作了一些文字修改。

草案修改稿已按上述意见作了修改，宪法和法律委员会建议本次常委会会议审议通过。

草案修改稿和以上报告是否妥当，请审议。

全国人民代表大会宪法和法律委员会

2021 年 10 月 22 日

图书在版编目（CIP）数据

中华人民共和国家庭教育促进法释义／张勇，蔡淑敏主编．—北京：中国法制出版社，2021.12

ISBN 978-7-5216-2374-1

Ⅰ.①中… Ⅱ.①张… ②蔡… Ⅲ.①家庭教育促进法-法律解释-中国 Ⅳ.①D922.165

中国版本图书馆 CIP 数据核字（2021）第 259265 号

策划编辑　袁笋冰　　责任编辑　王林林　　封面设计　李　宁

中华人民共和国家庭教育促进法释义

ZHONGHUA RENMIN GONGHEGUO JIATING JIAOYU CUJINFA SHIYI

主编/张勇，蔡淑敏

经销/新华书店

印刷/三河市紫恒印装有限公司

开本/880 毫米×1230 毫米　32 开　　印张/8.5　字数/185 千

版次/2021 年 12 月第 1 版　　2021 年 12 月第 1 次印刷

中国法制出版社出版

书号 ISBN 978-7-5216-2374-1　　定价：39.00 元

北京市西城区西便门西里甲 16 号西便门办公区

邮政编码：100053　　传真：010-63141852

网址：http：//www.zgfzs.com　　编辑部电话：010-63141672

市场营销部电话：010-63141612　　印务部电话：010-63141606